Klaus Dieter Härtel

Martin Luther King

Klaus Dieter Härtel

Martin Luther King

„Ich habe einen Traum"

BRUNNEN VERLAG GIESSEN/BASEL

ABCteam-Bücher erscheinen in folgenden Verlagen:
Aussaat- und Schriftenmissions-Verlag Neukirchen-Vluyn
R. Brockhaus Verlag Wuppertal
Brunnen Verlag Gießen (und Brunnquell Verlag)
Christliche Verlagsanstalt Konstanz
(und Friedrich Bahn Verlag/Sonnenweg Verlag)
Christliches Verlagshaus Stuttgart
(und Evangelischer Missionsverlag)
Oncken Verlag Wuppertal und Kassel

CIP-Kurztitelaufnahme der Deutschen Bibliothek

Härtel, Klaus Dieter:
Martin Luther King: „Ich habe einen Traum" /
Klaus Dieter Härtel. – 2., überarb. Aufl. –
Giessen; Basel: Brunnen-Verl., 1988
(ABC-Team; 3342)
ISBN 3-7655-3342-4
NE: GT

2., überarbeitete Auflage 1988

© 1968 Brunnen Verlag Gießen
Umschlaggestaltung: Martin Künkler
Umschlagfoto: dpa
Fotos innen: S. 41: The Associated Press Photo;
alle übrigen: dpa
Satz: Rücker & Schmidt
Herstellung: Ebner Ulm

Inhalt

Vorwort
oder:
Bestandsaufnahme eines menschlichen Problems

Irgendeine Fernsehsendung im Jahre 1966:

Ein Schwarzer in den USA möchte den Gottesdienst einer Kirche besuchen, die bisher den Weißen vorbehalten war. Zwei weiße Kirchendiener weisen ihn ab.

Der Schwarze fragt: „Was hätte Christus an Ihrer Stelle getan? Hätte er mich abgewiesen?"

Und:

„Ihr schickt weiße Missionare nach Afrika. Aber wir Schwarzen dürfen eure ‚weißen Kirchen' nicht besuchen."

Resigniert geht er weg. Weiße Polizisten stehen dabei, um „Ruhe und Ordnung" zu schützen, und greifen auch nicht ein, als der Schwarze als Kommunist beschimpft wird.

Nach einem internationalen Zeltlager im Jahre 1965 verabschieden ein paar Engländer eine deutsche Gruppe in Victoria Station in London. Dabei entwickelt sich zwischen einem Deutschen und einem Engländer folgendes Gespräch:

„Wir haben uns doch vierzehn Tage lang gut verstanden."

„Ja, das haben wir."

„Ich kann nicht begreifen, daß unsere Völker in den letzten fünfzig Jahren zweimal gegeneinander Krieg geführt haben." Schweigen.

Dann der Engländer: „Wenn ich mir vorstelle, daß wir beide zwanzig Jahre älter wären, dann hätten wir vor zwanzig Jahren aufeinander schießen müssen..."

Und etwas leiser: „Das ist doch Wahnsinn."

Der sowjetische Schriftsteller Jewgenij Jewtuschenko hat in einem Gedicht geschrieben: „All diese Grenzen – sie machen mich verrückt."

Dieses Buch berichtet von einem Mann, der in seinem Leben für andere gegen Grenzen angegangen ist: gegen die Grenzen des Hasses und der Vorurteile, der Besserwisserei, des Fanatismus und des Rassenwahns.

Dr. Martin Luther King war kein verträumter, gefühlsbetonter Weltverbesserer, sondern ein realistischer, nüchterner Christ, der mit dem Prinzip der Gewaltlosigkeit seine Gegner nicht in den Staub zwingen wollte, sondern sich für ein friedliches und sinnvolles Miteinander von Farbigen und Weißen einsetzte. Was in den letzten Jahren in den USA zwischen Weißen und Farbigen geschah und was in nächster Zeit geschehen wird, ist nicht nur ein amerikanisches, sondern ein zutiefst menschliches Problem.

Martin Luther King schreibt in seinem Buch „Freiheit" (Brockhaus Verlag, Wuppertal 1982):

„Der Anhänger des gewaltlosen Widerstandes ist mit dem, der sich in sein Schicksal ergibt, einer Meinung, daß man nicht tätlich gegen seinen Gegner vorgehen soll. Andererseits ist er aber auch mit dem, der für Gewalt ist, einig, daß man dem Bösen Widerstand leisten muß. Er vermeidet die Widerstandslosigkeit des ersteren und den gewaltsamen Widerstand des letzteren. Wer gewaltlosen Widerstand leistet, braucht sich weder als Einzelperson noch als Gruppe irgendwelchem Unrecht zu beugen; er braucht aber auch nicht zur Gewalt zu greifen, um sich Recht zu verschaffen.

Die Anhänger des gewaltlosen Widerstandes können ihre Botschaft in den folgenden einfachen Sätzen zusammenfassen: Wir wollen gegen die Ungerechtigkeit direkt vorgehen (direct action), ohne zu warten, bis andere handeln. Wir wollen nicht ungerechten Gesetzen gehorchen oder uns ungerechten Machenschaften fügen. Wir wollen das auf eine friedliche, offene, fröhliche Art tun, weil es unser Ziel ist, die Menschen zu überzeugen. Wir schlagen den Weg der Gewaltlosigkeit ein, weil wir eine Gemeinschaft anstreben, die im Frieden mit sich selbst lebt. Wir wollen versuchen, mit Worten zu überzeugen. Aber wenn unsere Worte versagen, wollen wir mit unseren Taten zu überzeugen suchen. Wir wollen immer zu Gesprächen und ehrlichen Kompromissen bereit sein. Aber wir sind auch bereit zu leiden, wenn es nötig ist, und sogar als Zeugen für die Wahrheit, wie wir sie erkannt haben, unser Leben einzusetzen. Wenn physischer Tod der Preis ist, den ein Mann bezahlen muß, um seine Kinder und seine weißen Brüder von einem ewigen, geistigen Tod zu befreien, dann könnte nichts erlösender sein."

Montgomery 1955

Die schwarze Näherin Rosa Parks hatte am 1. Dezember 1955 ihre tägliche Arbeit hinter sich gebracht. Müde vom stundenlangen Umherlaufen und Stehen bestieg sie gegen Abend den Cleveland-Avenue-Bus und setzte sich auf den ersten Sitz hinter die für Weiße reservierten Plätze.

Da sich der Bus schnell füllte, befahl der Busfahrer ihr und drei anderen Schwarzen, weiter nach hinten zu gehen, um den weißen Fahrgästen die Plätze frei zu machen. Diese Aufforderung war nichts Ungewöhnliches. So erhoben sich die drei widerspuchslos; nur Rosa Parks blieb sitzen.

„Haben Sie nicht gehört? Aufstehen, sagte ich!"

„Ich bin müde und möchte lieber sitzen." Woher nahm Rosa Parks den Mut zu diesen Worten?

„Los jetzt!" herrschte der Fahrer sie an.

Als die Frau auch jetzt noch keine Anstalten machte aufzustehen, wurden die weißen Fahrgäste aufmerksam und teilweise zornig.

„Was man sich von diesen Niggern alles gefallen lassen muß!"

„Schwarzes Gesindel!"

Der Busfahrer rief nach der Polizei. Zwei Uniformierte verhafteten Rosa Parks wegen Gefährdung der öffentlichen Ordnung. Ein kaum beachtenswerter Vorfall. Sogar manche Schwarze schüttelten die Köpfe über so viel „Dummheit".

Der große, dunkelhäutige E.D.Nixon, der die örtliche Gruppe der NAACP (Nationaler Bund zur Förderung der Farbigen) leitete, war ausgestiegen. Er war empört über die Ungerechtigkeit. Auf der Polizeistation bot er sich als

Bürge an, hinterlegte die geforderte Kaution und bewahrte dadurch Rosa Parks vor der Gefängniszelle.

Am Abend des gleichen Tages berichtete Nixon den Vorfall vor einer Versammlung des Politischen Frauenrats. Empört hörte man ihm zu; die Erregung steigerte sich bei der anschließenden Aussprache. Irgendwer brachte das Wort Boykott ins Spiel.

Einige Telefongespräche wurden geführt.

Bereits vor mehreren Monaten war eine fünfzehnjährige Schwarze verhaftet und in Handschellen zum Gefängnis geführt worden, weil sie ihren Sitzplatz im Bus nicht aufgeben wollte. Auch damals hatten fünfzigtausend Schwarze in Montgomery aufgebracht und erregt reagiert. Aber bald war der Vorfall vergessen; man mußte seinen täglichen Pflichten nachgehen. Saß diesmal die Empörung tiefer?

Am Morgen des 2. Dezember rief Nixon den jungen, erst fünfundzwanzigjährigen Pfarrer der Dexter Avenue Baptist Church, Dr. Martin Luther King, an.

„Ich glaube, es ist Zeit, daß wir jetzt die Busse boykottieren. Nur durch einen Boykott können wir den Weißen klarmachen, daß wir uns eine solche Behandlung nicht mehr gefallen lassen."[1] King stimmte zu. Seine Erregung wuchs.

Der dritte Schwarze, der die Empörung teilte und einen eintägigen Busboykott befürwortete, war Pfarrer Ralph Abernathy von der First Baptist Church.

Am Abend traf sich eine Gruppe einflußreicher und prominenter Schwarzer – Lehrer, Ärzte und Rechtsanwälte, Arbeiter, Geschäftsleute und Pfarrer – in der Dexter Avenue Baptist Church, um die Fragen und Probleme, die ein solcher Busboykott mit sich bringen würde, zu besprechen. Man stimmte dem Unternehmen zu und vervielfältigte ein Flugblatt mit folgendem Text:

„Fahrt am Montag, dem 5. Dezember, nicht mit dem Bus zur Arbeit, in die Stadt, zur Schule oder sonstwohin! Wieder ist eine Schwarze verhaftet und ins Gefängnis geworfen worden, weil sie sich weigerte, ihren Platz im Bus herzugeben.

Fahrt am Montag nicht mit den Bussen zur Arbeit, in die Stadt, zur Schule oder sonstwohin! Wenn Ihr zur Arbeit müßt, nehmt euch ein Taxi, einer allein oder mehrere zusammen, oder geht zu Fuß!

Kommt am Montagabend um 7.00 Uhr zur Massenversammlung in die Holt Street Baptist Church, um euch weitere Instruktionen zu holen!"[2]

Am Sonntag, dem 4. Dezember, sollten die schwarzen Pfarrer in den Gottesdiensten die Handzettel verteilen und ihre Gemeindeglieder für den Boykott am Montag gewinnen. Für den Montagabend war eine Massenversammlung für alle Schwarzen vorgesehen. Der „Montgomery Advertiser", die Lokalzeitung, brachte den angekündigten Boykott auf der Titelseite groß heraus, so daß die Schwarzen, die kein Flugblatt bekommen hatten, durch die Zeitung der Weißen informiert wurden. Es gab am Sonntagabend praktisch keinen Schwarzen, der vom geplanten Boykott nicht gewußt hätte. – Waren die Methoden eines Boykotts ethisch und christlich zu rechtfertigen? Man konnte wirtschaftlichen Druck damit ausüben, der für die Betroffenen unter Umständen schwere Folgen hatte. Wurde die Busgesellschaft nicht um ihr Geschäft gebracht?

Mit diesen Gedanken konnte Martin Luther King am Abend vor dem Busboykott nur schwer einschlafen. Eigentlich war die Bezeichnung „Boykott" irreführend. Es sollte niemand geschädigt werden. Vielmehr sollte in das Geschäft der Busgesellschaft Gerechtigkeit hineinkommen. Den unterdrückten Schwarzen sollte Freiheit und Gleichberechtigung verschafft werden. Einem bösen System sollte die Mitwirkung entzogen werden. Natürlich würde die Busgesellschaft zunächst unter diesem Streik zu leiden haben, aber das war ja nicht das erklärte Ziel, sondern die Gerechtigkeit für alle, für Schwarze, Farbige und Weiße.

Dennoch zweifelte der junge Pfarrer an dem geplanten Unternehmen. Zu oft hatte man erlebt, daß die Schwarzen weich und labil, nachgiebig und ängstlich waren. Wenn 60 Prozent von ihnen sich am Busstreik beteiligen würden, wäre das bereits ein Erfolg. Als endlich all diese Gedanken durchdacht und überlegt waren, verhinderte das Schreien der kleinen Yoki, Kings Töchterchen, den wohlverdienten, tiefen Schlaf.

Am Montagmorgen, dem 5. Dezember 1955, erwachte die Familie King früher als üblich. Bereits um 5.30 Uhr saß man am Frühstückstisch. Coretta King, die junge Pfarrfrau, war fast noch erregter als ihr Mann. Immer wieder lief sie ins Vorderzimmer, von dem man die Bushaltestelle für die South-Jackson-Linie beobachten konnte. Am frühen Morgen wurde sie immer von vielen Schwarzen benutzt.

Gegen sechs Uhr fuhr der erste Bus vorbei.

„Martin, komm schnell!"

Pfarrer King stellte seine Tasse hin und eilte ins Wohnzimmer. Er konnte gerade noch dem langsam abfahrenden Bus nachsehen. „Liebster, er ist leer!"

Wieder nagte der Zweifel. Ob das schon der Linienbus war? Nach wenigen Minuten wußten sie es. Es war der Frühbus gewesen, und kein Schwarzer hatte ihn benutzt.

Auch der zweite Bus, fünfzehn Minuten später, und der dritte waren nicht von Schwarzen besetzt.

Den Pfarrer hielt es nicht mehr im Haus. Er fuhr mit

seinem Wagen kreuz und quer durch Montgomery und beobachtete die vorbeifahrenden Busse. Nur acht Schwarze hatte er gezählt. Das war nicht der erhoffte 60- oder 70prozentige Erfolg, das waren fast 100 Prozent der Schwarzen, die sich am Boykott beteiligten. War ein Wunder geschehen? Waren die schlafenden Schwarzen, die bisher teilnahmslos alles mit sich hatten geschehen lassen, endlich aufgewacht?

Den ganzen Tag über das gleiche Bild. Studenten und Angestellte, Schüler und Arbeiter gingen zu Fuß, fuhren in Taxis oder Privatwagen, andere ritten auf Maultieren zur Arbeit oder benutzten Einspänner, die man irgendwo hergeholt hatte. Martin Luther King schrieb später über diesen Tag, daß die Schwarzen wußten, warum sie liefen, und man ihnen das auch ansah. Es gibt nichts Erhabeneres als Menschen, die bereit sind, für ihre Freiheit und Würde Opfer zu bringen.

An diesem denkwürdigen Tag wurde im überfüllten Polizeigericht gegen Rosa Parks verhandelt. Die Beschuldigung lautete diesmal nicht – wie sonst üblich und zunächst angenommen – auf ordnungswidriges Verhalten, sondern man warf ihr Zuwiderhandlung gegen das Segregationsgesetz vor. Der Richter hörte sich alle Argumente an und verurteilte sie wegen Vergehens gegen dieses Gesetz zu einer Geldstrafe in Höhe von zehn Dollar. Zusätzlich hatte sie die Gerichtskosten in Höhe von vier Dollar zu tragen. Ihr Anwalt legte Berufung ein. Freunde und Unbekannte drängten sich um Rosa Parks, wollten ihr die Hand drücken und beglückwünschten sie. Die Verhaftung und Verurteilung von Rosa Parks trug sicher wesentlich dazu bei, daß die Schwarzen aus ihrer Lethargie erwachten; aber sie bewies auch die Gültigkeit des Segregationsgesetzes.

Am Nachmittag war Pfarrer King zum Präsidenten

einer neuen Organisation, der Montgomery Improvement Association (MIA = Bürgerausschuß zur Verbesserung der rassischen Beziehungen), gewählt worden. Eine halbe Stunde vor der für den Abend angesetzten Massenversammlung fragte sich Martin Luther King, ob es recht gewesen war, dieses Amt zu übernehmen. Es brachte neue Arbeit und Verantwortung mit sich. Er hatte gerade seine Doktorarbeit beendet und wollte sich jetzt noch intensiver um seine Gemeinde kümmern. Aber hätte man an einem solchen Tag dieses Amt ablehnen können? Kamen nicht auf alle Schwarzen der Stadt zusätzliche Arbeit und zusätzliche Belastungen hinzu? Der junge Pfarrer grübelte über seinem Notizzettel. Er hatte sich auf die entscheidende Ansprache seines Lebens noch nicht vorbereitet. Ein Gefühl von Ohnmacht und Angst drohte ihn zu übermannen. Wie sollte er seine Ansprache gestalten? Kämpferisch mußte sie sein, um die Schwarzen zum Handeln aufzurufen, und maßvoll mußte sie sein, um nicht zu leidenschaftlichen, verantwortungslosen Gewalttaten zu führen. Konnte beides miteinander verbunden werden? Widerstand, um nicht die eigene Ehre und Würde zu verraten, und Hinweis auf das christliche Liebesgebot?

„Du hast noch nichts gegessen", mahnte Coretta. Aber dafür reichte die Zeit nicht mehr. Der Pfarrer bat im Gebet Gott um Hilfe, Beistand und Kraft.

Als sich Martin Luther King der Kirche näherte, stauten sich bereits die Wagen. Der Verkehr stockte. Hunderte von Menschen standen vor der Kirche; sie hatten keinen Einlaß bekommen. Man hatte Lautsprecher anbringen lassen, um die Reden und Lieder ins Freie zu übertragen.

Geduldig und gutgelaunt warteten die Schwarzen, zum Teil schon seit fünf Uhr nachmittags; es war klar, daß die Frage nach einem Zurückziehen des Boykotts überflüssig geworden war. Zum erstenmal wichen bei Martin Luther King die Zweifel.

Nach Eröffnung der Versammlung durch Gebet und Schriftverlesung trat Pfarrer King an das Rednerpult. Trotz seiner Leidenschaft für das Predigen waren seine ersten Worte zaghaft und unsicher. Tausende von Gesichtern hingen erwartungsvoll an ihm.

Er berichtete noch einmal, was Rosa Parks zugestoßen war, von ihrer Festnahme und von der Verurteilung.

„Wir sind oft genug gedemütigt worden!"

„Yes", antwortete einer zustimmend, andere fielen ein.

„Aber es kommt ein Augenblick, wo man das satt hat!"

„Yes! Amen! Yes, wir haben es satt!"

„Wir sind heute abend hier, um denen, die uns so lange mißhandelt haben, zu sagen, daß wir es satt haben!"

Stürmischer Beifall. Zwischenrufe.

„Wir sind es müde, segregiert und gedemütigt zu werden. Wir sind es müde, ständig unterdrückt und mit Füßen getreten zu werden."

Es war heiß in der überfüllten Kirche. Dem Redner lief der Schweiß über das Gesicht.

„Wir hatten keine andere Möglichkeit, als zu protestieren. Viele Jahre lang haben wir eine erstaunliche Geduld gezeigt. Wir haben bei unseren weißen Brüdern manchmal das Gefühl erweckt, als gefiele uns die Art, wie sie uns behandelten. Aber heute abend sind wir hierher gekommen, um uns frei machen zu lassen von der Geduld, die uns mit etwas Geringerem als Freiheit und Gerechtigkeit zufrieden sein läßt...

Die Methoden des Ku-Klux-Klan führen zu Gewalttätigkeit und Gesetzlosigkeit. Aber bei unserem Protest wird es keine brennenden Kreuze geben. Kein Weißer wird von einem mit Kapuzen verhüllten Schwarzenmob aus seinem Haus gezerrt und brutal ermordet werden. Es wird keine Drohungen und Einschüchterungsversuche geben. Wir werden uns von den hohen Prinzipien des Rechts und der Ordnung leiten lassen.

Wir wollen überzeugen und nicht Zwang ausüben.

Wir wollen den Leuten nur sagen: Laßt euch von eurem Gewissen leiten! Unser Handeln muß von den höchsten Grundsätzen unseres christlichen Glaubens diktiert sein. Die Liebe muß unser Tun bestimmen. Über die Jahrhunderte hinweg sollen die Worte Jesu heute in unserem Herzen ein Echo finden: ‚Liebet eure Feinde, segnet, die euch fluchen, bittet für die, so euch beleidigen und verfolgen‘.“[3]

King erinnerte daran, daß die Schwarzen noch Mißhandlungen ausgesetzt sind und niemand von ihnen glaubt, daß sie heute oder morgen enden werden. „Aber wir dürfen unsere weißen Brüder nicht hassen. Niemand und nichts – keine Drohung, keine Gewalt, keine Ungerechtigkeit – soll uns so weit erniedrigen können, daß wir einen Mitmenschen hassen.“[4] Nach der Rede erhoben sich die Zuhörer. Ihr Jubel wollte kein Ende nehmen. Das gleiche Bild, als Rosa Parks vorgestellt wurde. Sie war die Heldin des Tages.

Pfarrer Ralph Abernathy las eine Erklärung vor, mit der sich alle Anwesenden einverstanden erklärten. Darin hieß es, daß die Schwarzen von Montgomery aufgerufen werden, keinen Omnibus mehr zu benutzen, bis folgende Bedingungen erfüllt sind.

„1. Die Busunternehmen sichern den Schwarzen höfliche Behandlung zu.

2. Die Fahrgäste nehmen ihre Plätze in der Reihenfolge ein, in der sie einsteigen, und zwar die Schwarzen von hinten nach vorn, die Weißen von vorn nach hinten.

3. Auf den Buslinien, die vorwiegend von Schwarzen benutzt werden, sollten auch Schwarze als Fahrer eingesetzt werden.“[5]

Anschließend mußte Pfarrer King noch zu einer Abendveranstaltung des Christlichen Vereins Junger Männer. In seinem Herzen klang der Jubel nach. Gott hatte dieser Versammlung seinen Segen nicht versagt. Martin Luther King hat einmal über diesen Tag niedergeschrieben, daß Gott sich noch der Geschichte bedient, um seine Wunder zu vollbringen. Es schien, „als hätte Gott beschlossen, Montgomery als Versuchsgelände für den Kampf und Sieg der Freiheit und Gerechtigkeit in Amerika zu gebrauchen. Es ist eine der großartigsten Ironien unserer Tage, daß Montgomery, die Wiege der Konföderation, die Wiege der Freiheit und Gerechtigkeit wurde."[6]

Der 5. Dezember 1955 war ein Höhepunkt für die Schwarzen von Montgomery, aber die eigentliche Arbeit begann erst.

Die Stadtverwaltung hatte zunächst vermutet, der Boykott würde nach wenigen Tagen an der Uneinigkeit der Schwarzen scheitern. Auch der erste Regentag, auf den die Busgesellschaft insgeheim gehofft hatte, brachte nicht mehr Fahrgäste.

Anfangs hatten die Taxis der schwarzen Taxi-Gesellschaften die Leute für den Buspreis in Höhe von 10 Cent befördert. Der Polizeikommissar erließ jedoch eine Verordnung, nach der alle Taxigesellschaften darauf hingewiesen wurden, daß sie gesetzlich verpflichtet waren, den Mindestpreis von 45 Cent zu fordern. Dadurch wurde es der überwiegenden Mehrzahl der Schwarzen unmöglich gemacht, die Taxis weiterhin zu benutzen.

Ein Transportkomitee arbeitete einen neuen Plan aus. Besitzer von Privatwagen wurden gesucht, die alle Schwarzen täglich und pünktlich an ihre Arbeitsstellen fahren sollten. Fast dreihundert Wagen brachten in der Blütezeit des Boykotts morgens und abends die Arbeiter und Angestellten zu ihren Betrieben und Arbeitsstellen.

Die anderen, die keinen allzu weiten Weg hatten, gingen zu Fuß. „Wir laufen für die Zukunft unserer Kinder", sagten sie. „Da macht es nichts, wenn wir uns ein paar Blasen holen." Wieder waren in dieser Phase des Boykotts die schwarzen Kirchen und ihre Pfarrer tonangebend. Selbstverständlich stellten sich die Pfarrer mit ihren Wagen auch zur Verfügung. Früh wurden die Kirchentüren geöffnet, damit die wartenden Fahrgäste nicht zu frieren brauchten und sitzen konnten.

Da viele weiße Hausfrauen Wert darauf legten, daß ihre farbigen Hausangestellten pünktlich zur Arbeit kamen, holten sie diese täglich aus den schwarzen Vierteln ab. Obwohl manche weiße Frau eine Befürworterin der Segregation war, schätzte sie ihre Hausangestellten und unterstützte somit ungewollt den Boykott.

Aus Montgomery und anderen Städten und Staaten der USA kamen Spenden von Weißen und Schwarzen. Oft waren Briefe beigefügt. Ihr Inhalt gab den Führern des Boykotts Zuspruch und Trost. So schrieb z.B. eine ältere Dame aus Pennsylvania: „Ihr Werk ... ist ganz hervorragend und steht in der Geschichte unseres Landes einzig da ... Man wünschte ihm einen großen Erfolg ... ‚Es soll nicht durch Heer oder Kraft, sondern durch meinen Geist geschehen, spricht der Herr Zebaoth.'"[7]

Aber nicht nur in den Vereinigten Staaten nahm man Anteil am Busboykott in Montgomery. Aus aller Welt kamen die Zeichen der Verbundenheit. Viele Menschen in Asien und Europa, in Afrika und Australien unterstützten die Schwarzen Montgomerys mit ihren Gebeten und Gaben.

Der Weg zur Gewaltlosigkeit

Der Mann, der bei dem Busboykott in Montgomery und in den nachfolgenden Jahren immer stärker die entscheidende, führende Rolle übernehmen sollte, war der junge Pfarrer der Dexter Avenue Baptist Church, Dr. Martin Luther King.

Am 15. Januar 1929 war er in Atlanta in Georgia als Sohn des Baptistenpfarrers Martin Luther King sen. und einer Lehrerin geboren. Aus Bewunderung für den deutschen Reformator, den er als „Urtypus eines Kämpfers für Freiheit und Recht" ansah, hatte ihm sein Vater diese Vornamen gegeben. Ursprünglich wollte der kleine Martin Feuerwehrmann werden. Vielleicht auch Arzt oder Anwalt, um Menschen zu helfen.

Soweit sich Martin Luther King erinnern konnte, hatte er sich stets über die Segregation, die Rassentrennung, geärgert. Als kleines Kind war er täglich mit zwei gleichaltrigen weißen Spielgefährten zusammen gewesen. Eines Tages jedoch, als er seine Freunde wieder abholen wollte, hieß es, sie könnten nicht mit Martin spielen. Das wiederholte sich.

Als Martin seine Mutter nach dem Grund fragte, kam der Moment, an dem sie ihm von der Rassentrennung erzählen mußte. Sie berichtete von der Sklaverei und vom Bürgerkrieg. Das System der Südstaaten, das getrennte Schulen, Hotels, Gasthäuser und die Schilder für Weiße und Schwarze an den Bänken, Trinkbrunnen und Wartezimmern kannte, entschuldigte sie mit dem Hinweis auf bestimmte soziale Verhältnisse und Mißstände. Sie tröstete den kleinen Jungen: „Du bist ebenso gut wie jeder andere."

Damit waren die Fragen nach Gerechtigkeit und Ungerechtigkeit aufgetaucht, die Fragen, die bohrten, quälten und schmerzten. Martins Vater hatte die Gemeinheit der Rassentrennung als Sohn eines kleinen Farmpächters am eigenen Leibe erfahren müssen. Martin Luther King erinnerte sich immer wieder an jene Szene: Als kleiner Junge hatte er mit seinem Vater ein Schuhgeschäft aufgesucht. Die beiden hatten sich auf die ersten leeren Stühle gesetzt. Da erschien ein weißer Angestellter und forderte sie auf, die hinteren Plätze einzunehmen. Als sich der Vater weigerte, teilte ihm der Verkäufer mit, daß er ihn dann nicht bedienen könne, worauf der Vater zornig und immer wieder vor sich hinmurmelnd: „Ich werde dieses System nie anerkennen" das Geschäft verließ. Als Pfarrer der Ebenezer Baptist Church in Atlanta übte er großen Einfluß auf die Schwarzen aus und wurde sogar von den Weißen respektiert.

Martins Mutter dagegen war als Tochter eines bekannten und erfolgreichen Pfarrers in einem gewissen Wohlstand aufgewachsen. Sie konnte sehr gute Schulen und Colleges besuchen und hatte als junges Mädchen die strenge, absolute Form der Rassentrennung nie erfahren.

Martin Luther King erinnerte sich lebhaft an jenen Augenblick, als er das erste Mal in einem Speisewagen hinter einem Vorhang saß – getrennt von den Weißen. Er bekam das Gefühl einer unendlichen Einsamkeit, als wäre der Vorhang auf sein Selbstbewußtsein heruntergelassen worden. Es wurde ihm klar, daß man als Schwarzer nicht abseits dieser Problematik stehen konnte. „Ich wollte kein Zuschauer sein; ich wollte dort stehen, dort mittun, wo die Dinge sich entscheiden."

Er hatte als junger Mensch gesehen, wie der Ku-Klux-Klan nachts aufgetaucht war und die Schwarzen in Furcht und Schrecken versetzte. Er erlebte, wie die Polizei in brutaler, roher Weise gegen Schwarze vorging und die Gerichte offene Ungerechtigkeiten zum Recht erklärten. Er kannte Städte und Dörfer, in denen Schwarze gelyncht und grausam gemartert worden waren, und er schrieb einmal: „Es wäre beinahe dahin gekommen, daß ich alle Weißen gehaßt hätte."[8]

Mit siebzehn Jahren arbeitete er zwei Sommer lang in einer Plantage, die von Weißen und Schwarzen in Ordnung gehalten wurde. Dabei erfuhr er, daß arme Weiße ebenso ungerecht behandelt wurden wie Schwarze. So machte er die wichtige Erfahrung, daß rassische Ungerechtigkeiten vieles gemein hatten mit ökonomischen Ungerechtigkeiten. Er verstand nun viel besser die wirtschaftliche Armut der Familien seiner Spielgefährten, die oft nicht das notwendige Existenzminimum besaßen.

Als Student im Morehouse College las er 1944 Thoreaus „Essay über den zivilen Ungehorsam". Dabei begeisterte ihn der Gedanke, daß man sich mit allen Kräften weigern soll, ein böses System zu unterstützen. Erstmalig kam er durch die Lektüre dieser Schrift mit den Gedanken des gewaltlosen Widerstandes in Berührung.

Als er 1948 ins Crozer Theological Seminary eintrat, begann er intensiv zu forschen und zu suchen, wie man soziale Mißstände sinnvoll bekämpfen könne. Zwar interessierte er sich sehr für Philosophie und Theologie und studierte vor allem die großen Philosophen Plato, Aristoteles, Rousseau, Hobbes, Mill und Locke, aber einen unauslöschlichen Eindruck machte Rauschenbuschs „Christianity and the Social Crisis" auf ihn. Er las diese Schrift sehr kritisch und fand die schwachen und gefährlichen Stellen bald heraus. Er betonte aber immer wieder, daß er bei Rauschenbusch gelernt habe, daß sich das Evangelium mit dem ganzen Menschen befaßt. Es kümmert sich nicht nur um die Seele, sondern auch um den Körper, und es interessiert sich nicht nur für das geistige und geistliche, sondern auch für das materielle Wohl. King erkannte, daß das Überbewerten und Herausheben der einen oder anderen Seite die Gefahr in sich birgt, das Evangelium zu vereinfachen oder sogar zu verfälschen.

Schon immer hatte den jungen Studenten das Phänomen des Kommunismus interessiert. Deshalb las er in den Weihnachtsferien 1949 „Das Kapital" und „Das kommunistische Manifest" von Karl Marx sowie erläuternde Werke über Marx und Lenin.

Vieles faszinierte ihn. Allerdings konnte er sich mit der materialistischen Schau und Interpretation der Geschichte nicht einverstanden erklären. Er, der Pfarrerssohn und Student der Theologie, glaubte, daß es in diesem Universum eine persönliche, schöpferische Macht gibt, die man mit materialistischen Begriffen weder erklären noch ad absurdum führen kann. Er glaubte an Gott und stellte fest, daß im Kommunismus für ihn kein Platz vorhanden ist. Daher gibt es für den Kommunisten keine absolute ethische und moralische Ordnung. Für den Kommunismus sind Gewalt und Brutalität, Macht, Lüge und Mord gerechtfertigt, wenn sie für das Ziel der klassenlosen Gesellschaft eingesetzt werden. Der einzelne, der Individualist, gilt nichts, der Staat ist alles. Gewiß räumt der Kommunist ein, daß der Staat nichts Endgültiges, Verbindliches ist. Er ist das vorletzte Ziel auf dem Weg zur klassenlosen Gesellschaft. Aber diese philosophische Lehre des Relativismus konnte King nicht akzeptieren. Für den Christen King ist der Mensch ein „Ziel", er ist kein Zufallsprodukt, sondern Geschöpf Gottes. Niemals kann der Mensch das Mittel zum Zweck sein, oder er verleugnet seine gottgeschenkte Einmaligkeit.

Allerdings erkannte King, daß der Kommunismus die Christen sehr bedrängend nach der sozialen Gerechtigkeit fragt und herausfordert. Wenn es theologisch richtig ist, daß diese Erde Gottes Eigentum ist und daß Gott sich auch seiner Gegner und härtesten Widersacher bedient, dann ist es ganz sicher auch ein „Verdienst" des Kommunismus, daß heute in der Kirche wieder intensiv Matthäus 25 gelesen wird:

„Dann wird der Herrscher denen zu seiner Rechten sagen: Kommt her, ihr, die mein Vater gesegnet hat! Nehmt den Anteil an der himmlischen Herrschaft, der für euch vorgesehen ist, seit der Grund dieser Welt gelegt wurde! Denn ich war hungrig, und ihr habt mir zu essen gegeben. Ich war durstig, und ihr habt mich getränkt. Ich war in der Fremde, und ihr habt mich aufgenommen. Ich war nackt, und ihr habt mich gekleidet. Ich war krank, und ihr habt mich besucht. Ich war im Gefängnis, und ihr seid zu mir gekommen. Dann werden die zur Rechten ihn verwundert fragen: Herr, wann sahen wir dich hungrig und haben dich gespeist oder durstig und haben dir zu Trinken gegeben oder als Fremdling und haben dich aufgenommen oder nackt und haben dich bekleidet? Wann sahen wir dich krank oder gefangen und sind zu dir gekommen? Dann wird ihnen der König antworten: Dies ist wahr und gilt für Zeit und Ewigkeit: Was ihr einem unter meinen geringsten Brüdern getan habt, das habt ihr mir getan ... Dann wird er ihnen antworten: Dies ist wahr und gilt für Zeit und Ewigkeit: Was ihr einem unter meinen geringsten Brüdern verweigert habt, das habt ihr mir verweigert."

Marx' Kritik war im vorigen Jahrhundert zweifellos berechtigt; allerdings war seine Vorausschau der wirtschaftlichen Entwicklung, die bei ihm als dialektischer Prozeß abläuft, offensichtlich verkehrt. Sonstige politische, wirtschaftliche, psychologische und religiöse Gesichtspunkte, die zweifellos entscheidenden Einfluß ausüben, ließ er nicht gelten. So kann man den amerikanischen Kapitalismus beispielsweise nicht als das böse System schlechthin ansehen. Die oben erwähnten Gesichtspunkte haben sicher dazu beigetragen, daß sich der amerikanische Kapitalismus – wie der Kapitalismus überhaupt – sozial zeigt und zeigen muß und dadurch frühere Kluften weitgehend beseitigt hat. Im Kapitalismus gibt es Arme und Reiche, und King sah die Notwendigkeit, daß der Reichtum besser verteilt werden muß, so daß viele Menschen Anteil daran bekommen. Auch kann der Kapitalismus Menschen derart in Bann ziehen, daß sie nur noch Geld, den Gewinn und den Erfolg sehen und darüber ihr und anderer Menschsein und Qualitäten vergessen. Der junge Student erkannte durch diese Studien die Schwächen und Stärken des Kommunismus und des modernen Kapitalismus. Er entdeckte, daß alles Heil weder ganz bei dem einen noch bei dem anderen liegt. Obwohl das Leben auf Gemeinschaft aufgebaut ist, trägt es individuellen und persönlichen Charakter.

„Im Reich Gottes gilt weder die These vom privaten noch die Antithese vom kollektiven Unternehmertum, sondern eine Synthese, die die Wahrheit, die sich in beiden Thesen findet, verbinden will."[9]

Durch eine Vorlesung von Dr. A. J. Muste lernte King erstmalig den pazifistischen Standpunkt kennen, von dem er sichtlich bewegt war, den er aber als irreal und für nicht durchführbar hielt.

Kann die Liebe soziale Probleme lösen? Hat sie tatsächlich eine solche Macht? Die Lektüre verschiedener Schriften von Nietzsche brachte King in erhebliche Zweifel. Mußte nicht doch Gewalt angewendet werden, um Probleme zu beseitigen?

Wie umgewandelt war Martin Luther King, als er eine Predigt von Dr. Mordecai Johnson, Howard-Universität, hörte. Der Prediger war gerade von Indien zurückgekehrt und erläuterte in der Predigt die Thesen des großen Inders Mahatma Gandhi.

Natürlich hatte King bereits von Gandhi gehört. Nun kaufte er sich „ein halbes Dutzend" Bücher über Leben und Werk des Mahatma. Die Idee des „Satyagraha" (eine Macht, die aus Wahrheit und Liebe kommt) fesselte ihn. Er begann der Liebe als einer Macht erneut Vertrauen entgegenzubringen. Bisher hatte er Jesu Sittenlehre nur individuell, auf den einzelnen Menschen ausgerichtet, verstanden. Von Gandhi lernte er, daß die Liebe eine große Macht ist und auf dem Gebiet der Sozialreform epochemachend eingesetzt werden und wirken kann. Was King suchte, hatte er gefunden. Die Lehre Jesu, die ihm bisher immer ein wenig theoretisch und nicht ganz realisierbar vorgekommen war, wurde für ihn in neuer Weise aktuell, als er die Methode, die Gandhi praktiziert hatte, dazu kennenlernte. Mehr und mehr festigte sich bei ihm die Auffassung, daß die Liebe die einzige vertretbare und moralisch gerechtfertigte Haltung war, die helfen konnte, ein unterdrücktes Volk – sein Volk der amerikanischen Schwarzen – im Kampf um Gleichberechtigung und Befreiung von unmenschlichen Behandlungsweisen zu unterstützen.

Eine weitere Station in Kings Studium waren die Werke Reinhold Niebuhrs. In seiner pazifistischen Grundhaltung erneut gestärkt, las er Niebuhrs Kritik am Pazifismus. Zunächst verwirrte sie ihn. Doch dann erkannte er ihre Schwächen. Niebuhr verstand den Pazifismus als eine Art passiver Widerstandslosigkeit gegenüber allem Bösen. Bei Gandhi hatte King jedoch erfahren, daß Widerstandslosigkeit gegenüber dem Bösen etwas anderes ist als Widerstand ohne Gewalt. Diese beiden Standpunkte wollte er nicht mehr verwechselt wissen. Gandhi hatte sich dem Bösen widersetzt; zu seiner Lehre und ihrer Verwirklichung wurden starke, innerlich gefestigte, sichere Menschen benötigt, die dem Bösen mit Widerstand und Energie entgegentraten; aber das Motiv ihres Widerstandes war nicht der Haß, sondern die Liebe.

In seinen gedanklichen Überlegungen wurde King gestärkt, als er an der Universität Boston an seiner Dissertation über den „Gottesbegriff in den Gedankenwelten von Paul Tillich und Henry Nelson Wiemann" arbeitete. Die theologische Fakultät unter Dekan Walter Muelder und Professor Chalmers brachte dem Pazifismus große Sympathie entgegen. Aus dem tiefen Glauben heraus, daß der Mensch unendliche Möglichkeiten hat, wenn er sich als Mitarbeiter Gottes verstehen kann, setzten sie sich leidenschaftlich für soziale Gerechtigkeit ein. Dabei war nicht oberflächlicher Optimismus, sondern tiefer Glaube maßgebend. Hier in Boston wurde King durch seine theologischen und philosophischen Lehrer noch in zwei anderen Überzeugungen bestärkt. Hier bekam er „die metaphysische und philosophische Fundierung für den Gedanken an einen personalen Gott und die metaphysische Basis für die Würde und den Wert allen Menschseins".[10]

Als King im Jahre 1954 seine Ausbildung an den Universitäten – unter anderem hatte er noch an der berühmten Harvard-Universität studiert – beendete, ahnte er noch nicht, daß seine Studien, die für ihn eine positive Sozialphilosophie wurden, in der gewaltloser Widerstand zu den entscheidendsten Punkten gehörte, in der Praxis sich bald als sehr wirkungsvoll und nötig erweisen sollten.

Zwei Gemeinden – die eine in Massachusetts, die andere in New York – warben um ihn. Ein Lehrstuhl, ein Dekanat und eine Verwaltungsstelle wurden ihm von drei Universitäten angeboten. Dazu kam eine Einladung zu einer Probepredigt an der Dexter Avenue Baptist Church in Montgomery, die einen Pfarrer suchte. Sollte er nach Montgomery in den Süden gehen, sollte er eine Gemeinde übernehmen? Die anderen angebotenen Aufgaben, zumal an den Universitäten, lockten ebenso stark. King besprach alle Möglichkeiten mit seiner jungen Frau Coretta. Dabei spielte die Frage eine entscheidende Rolle, wie seine künftigen Kinder innerhalb der Schranken der Rassentrennung zu erziehen seien. Sie hielt, gerade im Süden, die Schwarzen von vielen Annehmlichkeiten fern. Ein anderes Problem war, daß Coretta im Norden der USA ihre musikalische Laufbahn und das dazugehörige Studium besser fortsetzen konnte. Mehrere Tage waren von diesen Problemen und den dazu gehörenden Überlegungen überschattet. Das Ehepaar brachte seine Fragen im Gebet vor Gott. Endlich war die Entscheidung gefallen. Wenigstens für ein paar Jahre wollten sie in den Süden, in ihre Heimat, ziehen. Sie waren bereit, Opfer zu bringen, und wollten mithelfen an der Beseitigung von Problemen, die sie als junge Menschen bereits beschäftigt hatten.

So begann Dr. Martin Luther King am 1. September 1954 seinen Dienst als Pfarrer und Prediger in Montgomery. Weder er noch seine Frau konnten ahnen, daß sie nach gut einem Jahr zu einer Bewegung gehören würden, die nicht nur Montgomery verändern und Echo in der Welt hervorrufen würde, sondern mit der sie in besonderer Weise konfrontiert werden würden.

Die Lebensbedingungen der Weißen und der Schwarzen in Montgomery unterschieden sich gewaltig. Das Durchschnittseinkommen der 70 000 Weißen betrug im Jahre 1950 ca. 1730 Dollar, das der 50 000 Schwarzen dagegen nur 970 Dollar. Nicht nur das Problem der Rassentrennung kam auf King als Pfarrer zu, sondern auch die wirtschaftliche Notlage und Benachteiligung seiner Gemeindeglieder. Wahrscheinlich war der Mangel an Industrie für diese Situation ausschlaggebend. Über die Hälfte der schwarzen Frauen, die einer Arbeit nachgingen, waren im Haushalt tätig, fast 50% der arbeitenden Schwarzen überhaupt waren ungelernte Kräfte.

Ehe aber ein wirklicher sozialer Fortschritt erreicht werden konnte, mußte Einigkeit unter den verschiedenen Gruppen der Schwarzen herrschen. Ihre jeweiligen Führer vertraten oft sehr unterschiedliche Ziele, so daß eine sinnvolle Zusammenarbeit kaum möglich war und sie zersplittert blieben. Als Anfang 1955 eine neue Gemeinschaft, das Citizens Coordinating Committee (CCC), gegründet wurde, hoffte King sehr auf Einigung und Verständigung der Schwarzen. Da jedoch die einzelnen Führer von ihren Standpunkten und Ideen nicht lassen wollten, löste sich das CCC bald wieder auf. Ein hoffnungsvolles Unternehmen war aus den erwähnten und vielen anderen Gründen gescheitert. Daß die Schwarzen trotzdem zu einen waren und sich für eine gemeinsame Sache einsetzen konnten, bewies die Verhaftung von Rosa Parks am 1. Dezember 1955 und der nachfolgende Busstreik. Eine beglückende Erfahrung für den jungen Martin Luther King!

Die Gegner

Als sich Martin Luther King am Abend des bewegten 5. Dezember 1955 zur Ruhe begeben wollte, wurde er häufig vom Klingeln des Telefons gestört.

„Du schwarzer Affe King! Wenn du hier in Montgomery den starken, großen Mann spielen willst, schlagen wir dir den Schädel ein!"

Oder:

„Wir lassen dein schönes Haus hochgehen! Ein kleines Dynamitbömbchen genügt!"

Stille. Innere Unruhe. Schlafen?

„King? Wir haben nichts gegen die Neger, sie sollen sich so ruhig verhalten wie bisher, dann ist alles in Ordnung. Mischen Sie sich nicht ein! Am besten, Sie verlassen Montgomery wieder!"

Weiße Amtsbrüder versuchten Pfarrer King zu beeinflussen. Sie kamen zu ihm, wie sie sagten, aus christlicher Verantwortung und tiefer Sorge. Ob ein Boykott das rechte Mittel sei? Gewiß leiden viele Schwarze unter der Rassentrennung. Aber ist es nicht besser zu leiden, Unrecht zu tragen, als selbst Unrecht zu tun? Auch das andere Argument wurde immer wieder genannt: Die Pfarrer der schwarzen Gemeinden sollten sich aus den Streitigkeiten und Unruhen heraushalten. Die Politik im allgemeinen und die Tagespolitik im besonderen sei nichts für die Prediger des Evangeliums, vielmehr hätten sie das reine und lautere Evangelium, dessen Diener und Verkündiger sie wären, zu predigen, Arme und Kranke, Alte und Einsame zu trösten und die Würde des aufgetragenen Amtes zu beachten. Schließlich sei das Gebet die wirksamste Waffe der Christen, nicht jedoch ein Boykott.

Ernsthaft hörte sich King alle Einwände und Gegenargumente an. Wollte er Unruhe und Spannungen, Unzufriedenheit und Unrecht bringen? Wollte er nicht vielmehr der Gerechtigkeit zum Sieg verhelfen? Wollte er seine Brüder lehren, die Weißen zu verachten oder gar zu hassen? War er nicht nach Jesu Gebot mit dem Prinzip der Gewaltlosigkeit angetreten, und sollte er sie jetzt fahrenlassen, alles wieder aufgeben?

Wenn King von der Liebe und vom Lieben sprach, meinte er keine zärtlich-sentimentalen Gefühle. Er meinte Verstehen, Verständnis entgegenbringen und guten Willen. Er meinte die Liebe, die in der griechischen Sprache mit „agape" bezeichnet wird.

Agape wurde von den ersten Christen das Abendmahl genannt: Die Besitzenden brachten genügend mit, damit auch die Armen etwas zu essen hatten und satt werden konnten. Agape ist die uneigennützige Liebe, die das Beste für den anderen sucht. In jedem Menschen, ob reich oder arm, alt oder jung, gesund oder krank, sieht sie nur den Menschen, den Nächsten. Aus dieser Agape heraus hatte der Samariter dem unter die Räuber Gefallenen geholfen, dem, der nach jüdischer Auffassung fast sein Feind war. Gerade das ist bezeichnend, daß die Agape sich völlig vom Freund-Feind-Denken löst. Es handelt sich bei ihr um eine Liebe, die kein Motiv oder irgendeinen Grund und Anlaß benötigt, die im Herzen der Menschen lebendig ist. Es ist eine Liebe, die Gott wirkt. Wenn Jesus zur Feindesliebe aufgerufen hat, wollte er keine sentimentalen Gefühle wecken, sondern den Menschen helfen, sich in ihrer Einsamkeit, Not, Verblendung und inneren oder äußeren Armut so zu sehen, wie sie wirklich sind.

Für King wurde es immer klarer, daß die Rassentrennung die Seelen und Herzen der Weißen vergiftet und verführt hatte. Nicht die Schwarzen, sondern die Weißen benötigten in erster Linie die Liebe, d.h. das Verständnis der Schwarzen. Von daher glaubte er, Spannungen und gegenseitige Ängste lösen und befreien zu können.

Die Agape schafft Gemeinschaft unter Menschen, und sie ist alles andere als schwach. Sie muß stark sein, weil sie Krankes heilen und Zerstörtes in der menschlichen Gesellschaft wieder zurechtbringen will. King war zutiefst davon überzeugt, daß der, der dieser Liebe vertraut, Hoffnung und Glauben auf und an die Zukunft hat. Er konnte sich, seinen Freunden und Brüdern immer wieder Leiden, die Weiße ihnen zugefügt hatten, zumuten, ohne zu vergelten, weil er wußte, daß diese Liebe nicht aus dem Nichts kam. King schrieb dazu:

„Es ist wahr, daß es eifrige Anhänger der Gewaltlosigkeit gibt, denen es schwerfällt, an einen persönlichen Gott zu glauben. Aber selbst diese glauben an die Existenz irgendeiner schöpferischen Kraft, die für das universale Ganze wirkt. Ob wir sie nun einen unbewußten Prozeß, einen unpersönlichen Brahma oder ein persönliches Wesen von unvergleichlicher Macht und unendlicher Liebe nennen – es gibt eine schöpferische Kraft in diesem Weltall, die am Werk ist, die getrennten Erscheinungen der Wirklichkeit zu einem harmonischen Ganzen zusammenzufügen."[11]

Immer wieder versuchten die Weißen, den Busboykott zu sprengen und die Schwarzen zur Fahrt in den Bussen unter den alten, entwürdigenden Bedingungen zu bewegen.

Am 22. Januar 1956 machte die Stadtkommission einen erneuten Vorstoß, die einheitliche Haltung der Schwarzen zu stören. In der Tageszeitung war zu lesen, daß prominente schwarze Pfarrer einer Abmachung zugestimmt hätten, die den Schwarzen Höflichkeit garantiert, indem sie die Busse in drei Teile abgrenzt: vorn für die Weißen, hinten für die Schwarzen und der Mittelteil für beide Gruppen gleichzeitig, je nach Bedarf. Schließlich wurde versprochen, daß in den Hauptverkehrszeiten Sonderbusse für Schwarze eingesetzt würden.

Doch kein Wort dieser Meldung, die eher als rückschrittlich zu bezeichnen war, stimmte. Darüber mußten die Schwarzen auf schnellstem Wege informiert werden, ehe sie der Zeitungsmeldung Glauben schenkten. In der Nacht von Samstag auf Sonntag fuhren King und ein paar Freunde zu fast allen Nachtclubs und Gaststätten und sprachen zu den anwesenden Schwarzen. Am Sonntagmorgen gaben die Pfarrer von ihren Kanzeln die Falschmeldung bekannt. Dadurch wurde der Boykott gerettet, die angeblich prominenten schwarzen Pfarrer waren schnell herausgefunden und versicherten, daß sie keinem Ende des Boykotts zugestimmt hätten. Öffentlich dementierten sie die Bekanntmachung. Dadurch verlor die Stadtkommission ihren bisher guten Ruf, die Stadtväter waren als Schwindler entlarvt worden.

Die Antwort war die „Politik der harten Hand", die jetzt proklamiert wurde. Im Fernsehen rügte der Bürgermeister den Boykott aufs schärfste und forderte die Weißen auf, keine Farbigen mehr zu ihrer Arbeit bzw. nach Hause zu fahren. Geringfügigkeiten oder fingierte Verkehrsübertretungen genügten, um Verhaftungen vornehmen zu lassen. Die Schwarzen, die den freiwilligen Autohilfsdienst übernommen hatten, wurden scharf kontrolliert. Nach und nach verringerte sich die Zahl derer, die ihren Privatwagen zur Verfügung stellten. Sie fürchteten den Führerscheinentzug, die Verhaftung oder das Gericht. Immer wieder forderten die schwarzen Pfarrer in Massenversammlungen zum Durchhalten auf. Als Pfarrer King selbst einmal drei Fahrgäste in seinen Wagen einsteigen ließ, wurde sein Führerschein geprüft und er mit der Feststellung „begrüßt": „Das ist der verdammte King!" Anschließend folgte ihm die Polizei, und obwohl er so vorsichtig und rücksichtsvoll wie nur möglich fuhr, wurde er verhaftet. Der Grund: angebliche Überschreitung der Geschwindigkeit.

Zum erstenmal kam Pfarrer King ins Gefängnis. Auf der Fahrt dorthin wurde er von der Angst fast überwältigt. Konnte man den Polizisten trauen? Als sie durch eine dunkle, schmutzige Straße auf eine verlassene Brücke zufuhren, rechnete er fest damit, daß er umgebracht werden sollte. King nahm seine Zuflucht zum Gebet, um Kraft und Festigkeit wiederzuerlangen.

Als sie schließlich das Gefängnisgebäude erreichten und er die Aufschrift „Montgomery City Jail" lesen konnte, atmete er befreit auf. Wenigstens hier war er sicher.

Es erregte natürlich großes Aufsehen, daß Pfarrer King verhaftet worden war. Die Gefangenen bestaunten ihn und überschütteten ihn mit Fragen.

Als King kurze Zeit nach seiner Einlieferung vom Gefängnisaufseher geholt wurde, machte man von ihm Fingerabdrücke. Er wurde wie ein Verbrecher behandelt.

Wie ein Lauffeuer war in Montgomery die Nachricht von Kings Verhaftung bekannt geworden. Pfarrer Ralph Abernathy und mit ihm zahllose Menschen machten sich auf den Weg zum Gefängnis. Abernathy bot sich als Bürge an. Diese Möglichkeit zerschlug sich, da Abernathy mit einer gerichtlichen Bescheinigung nachweisen sollte, daß er vermögend sei. Es war bereits am frühen Abend und das Gerichtsgebäude geschlossen.

Abernathy wurde jedoch gestattet, eine Kaution zu stellen. Eilig fuhr er in die Stadt zurück, um von Freunden das Geld zu leihen. Inzwischen war die Zahl der Wartenden, zum großen Teil Gemeindeglieder der Dexter Avenue Baptist Church, so angewachsen, daß der Gefängnisaufseher Unruhen und Übergriffe befürchtete und Pfarrer King, auf seine eigene Bürgschaft hin, freiließ. Die große Zahl der Wartenden gab King Mut und Auftrieb. Coretta, seine Frau, konnte ihn beruhigen und trösten.

„Ja, die Nacht der Ungerechtigkeit war dunkel. Die Politik der harten Hand forderte ihren Tribut. Aber in der Dunkelheit konnte ich schon den strahlenden Stern der Einigkeit sehen. Seit diesem Tag setzte ich mich noch hingebungsvoller, noch energischer für den Kampf um die Freiheit ein."[12]

Erneut erreichten ihn Drohbriefe und Anrufe. „Raus aus der Stadt, oder es passiert was!" konnte man auf Postkarten lesen, die mit „KKK" (Ku-Klux-Klan) unterzeichnet waren. Gott will keine Einigung und kein Zusammengehen zwischen Weißen und Schwarzen, stellten religiöse Halbwahrheiten fest.

Auch Coretta King blieb von den Anrufen und Beleidigungen, die häufig in sexuelle Zoten ausarteten, nicht verschont.

Immer bedrängender wurde für King die Frage, die er selbst seinen besten Freunden zunächst verheimlichte: Werden am Morgen Coretta und Yoki gesund und fröhlich aufwachen? Kann ich sie nicht schon im nächsten Augenblick verlieren?

„In diesem Zustand äußerster Erschöpfung und völliger Mutlosigkeit legte ich Gott meine Not hin. Den Kopf in den Händen, betete ich laut. Die Worte in dieser mitternächtlichen Stunde sind mir noch in lebendiger Erinnerung: ‚Herr, ich glaube, daß ich für eine gerechte

Sache kämpfe. Aber jetzt habe ich Angst. Die Leute sehen auf mich als ihren Führer, und wenn ich so ohne Kraft und Mut vor ihnen stehe, werden sie auch wankend werden. Ich kann nicht mehr weiter. Ich habe den Punkt erreicht, wo ich es allein nicht mehr schaffe.' In diesem Augenblick erlebte ich die Gegenwart Gottes wie nie zuvor. Mir war, als hörte ich eine innere Stimme, die mir Mut zusprach: ‚Stehe auf für die Gerechtigkeit! Stehe auf für die Wahrheit! Und Gott wird immer an deiner Seite sein!' Fast augenblicklich waren meine Ängste dahin. Meine Unsicherheit verschwand. Ich war bereit, allem ins Auge zu sehen."[13]

30. Januar 1956. Es war die neunte Boykottwoche. Massenversammlung in der First Baptist Church. Neben der Kellnerin saß der farbige Rechtsanwalt und neben dem Arbeitslosen der Lehrer. Erstmalig bildeten die Schwarzen von Montgomery eine Gemeinschaft; einen Klassenunterschied gab es nicht. Ein Ziel einte sie alle. Als Pfarrer King gegen Ende der Versammlung die Kollekte entgegennehmen wollte, entstand Unruhe unter den Anwesenden. King beobachtete Abernathy, der von einem Platzanweiser eine Mitteilung erhalten hatte. Sein Gesicht war besorgt.

„Ralph, ist etwas passiert? Hat es mit mir zu tun?"

„Ja, Martin. In dein Haus ist eine Bombe geworfen worden."

Der erste Gedanke: Coretta? Das Kind? Ist ihnen etwas passiert? Darüber war noch nichts Genaues zu erfahren. Pfarrer King blieb dennoch ruhig. Was er wenige Tage vorher im Gebet erfahren hatte, machte ihn still und mutig zugleich. Er forderte die Versammlung auf, unabhängig von dem, was geschehen war, Ruhe zu bewahren und vor allen Dingen die Gewaltlosigkeit zu befolgen. „Wir wollen weiterkämpfen in dem festen Glauben, daß Gott mit uns ist in unserem Kampf."[14]

Als Pfarrer King anschließend sofort nach Hause gefahren wurde, drängten sich vor seinem Haus bereits Hunderte von aufgebrachten, zornigen Schwarzen. Viele der Anwesenden trugen Waffen bei sich. Eine Kleinigkeit hätte genügt, um die gefährlich-trügerische Ruhe in Gewalttätigkeit umschlagen zu lassen.

Im Haus fand der Pfarrer seine Frau und Yoki unverletzt vor. Coretta King berichtete, sie hätte ein Geräusch auf der Veranda gehört und wäre sofort auf die Rückseite des Hauses gelaufen. Sie war weder verbittert noch verängstigt.

Montgomerys Bürgermeister Gayle, Kommissar Sellers und einige Reporter waren bereits vor King in dessen Wohnung angekommen. Als er nun zu ihnen trat, drückten sie ihm ihr Bedauern über das „unglückselige Ereignis" aus. Draußen wurde die Haltung der wartenden Schwarzen immer feindseliger.

Als King auf die Veranda trat, wurde es still. Er berichtete, daß seiner Familie nichts passiert sei, und forderte alle Anwesenden auf, die mitgebrachten Waffen wieder mit nach Hause zu nehmen. Er erinnerte an Jesu Wort: „Wer das Schwert zu Hilfe nimmt, kommt durch das Schwert um" und ermahnte die Zuhörer, daß Rache und Vergeltung keine Lösung des Konfliktes bedeuten.

„Wir müssen unsere weißen Brüder lieben, gleichgültig, was sie uns antun. Wir müssen ihnen zeigen, daß wir sie lieben. Jesus ruft uns auch heute noch zu: ‚Liebet eure Feinde; segnet, die euch fluchen; tut wohl denen, die euch hassen; bittet für die, die euch beleidigen und verfolgen!' Denkt daran: Selbst wenn ich den Kampf nicht weiterführen könnte, so wird doch die Bewegung weitergehen, weil Gott mit ihr ist. Geht nach Hause mit diesem sieghaften Glauben, mit dieser felsenfesten Gewißheit!"[15]

„Amen", antworteten die Zuhörer und: „Gott segne dich!"

Als Kommissar Sellers zur wartenden Menge sprechen wollte, ertönten Pfiffe und Pfuirufe. Auch den anwesenden Polizisten gelang es nicht, die Ruhe wiederherzustellen. Pfarrer King trat noch einmal vor die Menge und ermahnte sie, den Kommissar anzuhören. Sellers bot eine Belohnung in Höhe von 500 Dollar für denjenigen, der den Attentäter ausfindig machen könne. Anschließend zerstreuten sich die Menschen widerwillig.

Die Lage blieb gespannt. Es war eine dunkle Nacht für Montgomery, und es hätte die dunkelste werden können, wenn die Waffen gesprochen hätten. King schrieb einmal nieder, daß der Geist Gottes in den Herzen der Schwarzen war und Unruhen und Schlägereien verhinderte. In diesen Tagen überlegte sich King, ob er nicht zum eigenen Schutz eine Pistole bei sich tragen dürfe. Dieses Ansinnen wurde vom Büro des Bezirksrichters abgelehnt. King hatte sich allerdings selbst schon gefragt, wie er sich Führer einer gewaltlosen Bewegung nennen könne und zum persönlichen Schutz eine Waffe haben wollte, die Symbol und Zeichen für die Gewalt war. In Gesprächen mit seiner Frau entschloß er sich, endgültig auf eine Waffe zu verzichten. Seine Hoffnung und sein Vertrauen sollten nicht auf Schußwaffen aufgebaut sein.

Wieder mußten die Stadtväter die Erfahrung machen, daß die Gewalttätigkeit der Weißen den Boykott nicht brechen konnte. Das nächste Mittel, das eingesetzt wurde, waren Massenverhaftungen. Dabei berief sich die Stadt auf ein altes Gesetz, das besagte, daß man sich bereits strafbar macht, wenn man zu zweit oder zu dritt die Ausübung eines rechtmäßigen Geschäftes verhindert, ohne dazu einen Rechtsgrund zu haben. Über hundert Schwarze wurden angeklagt, unter ihnen natürlich auch Pfarrer King. Durch Ralph Abernathy erfuhr King von diesem Vorhaben. Er hielt gerade eine Reihe von Vorlesungen in der Fisk-Universität in Nashville. Als er beschloß, nach Montgomery zurückzukehren, warnte ihn sein Vater. „Sie haben schon viele angeklagt", meinte er. „Aber vor allen Dingen wollen sie dich bekommen. Sie möchten dich ohne Kautionsmöglichkeit ins Gefängnis werfen."

Dennoch entschloß sich King zur Rückkehr nach Montgomery. Er konnte seine Schwestern und Brüder nicht allein lassen, er gehörte zu ihnen. Erstaunt und überrascht erfuhr King von Abernathy, daß sich die Schwarzen freiwillig zu den Verhaftungen gemeldet hatten. Niemand hatte Angst gezeigt, keiner sich der Verhaftung entzogen. In diesem Volk war ein großer Wandel vor sich gegangen. Es zeigte keine Furcht mehr, sondern war stolz, für die Freiheit Opfer zu bringen. Auch King meldete sich im Gefängnis. Er bekam eine Nummer, wurde fotografiert, und erneut wurden Fingerabdrücke gemacht. Als eines seiner Gemeindeglieder die Kautionssumme hinterlegt hatte, konnte er wieder nach Hause fahren.

Am 19. März 1956 begann die Verhandlung, die vier Tage dauern sollte. In den USA erregte dieser Prozeß großes Aufsehen. Richter Carter verurteilte King mit der Begründung, daß er das Antiboykottgesetz des Staates Alabama übertreten habe, zu einer Strafe von 500 Dollar zuzüglich der Gerichtskosten bzw. 386 Tagen schwerer Arbeit. Das Verfahren gegen die übrigen Angeklagten wurde ausgesetzt. Die rechtskräftige Entscheidung für Kings Urteil wurde zunächst abgewartet, weil er Berufung eingelegt hatte. Als King an der Seite seiner Frau Coretta das

Martin Luther King wurde oft verhaftet, obwohl er sich stets gewaltlos für die Rechte der schwarzen Bevölkerung einsetzte. Hier nimmt ihn der Polizeichef Laurie Pritchett fest, als Martin Luther King mit einer Gruppe von Schwarzen vor dem Rathaus von Albany betete.

Gerichtsgebäude verließ, riefen die Menschen: „Gott segne dich!" Andere sangen: „Wir fahren niemals wieder Bus!"

Aufhebung
der Rassenschranken

Obwohl einige der schwarzen Führer so optimistisch waren, an eine schnelle Beilegung des Busstreiks zu glauben, gingen noch Wochen und Monate ins Land. Die Stadtkommissare zeigten sich weiterhin unversöhnlich. Bombenanschläge waren nicht nur auf Martin Luther Kings Haus, sondern auch auf die anderer schwarzer Führer verübt worden. Trotzdem war es vor allem Pfarrer Kings Verdienst, daß jede Form von Gewaltanwendung unterblieb. Beim Bundesdistriktsgericht der USA wurde ein Antrag eingereicht mit der Bitte um Aufhebung der Bus-Segregation. Begründet wurde der Antrag mit Hinweis auf den 14. Zusatzartikel zur amerikanischen Verfassung.

Als die Verhandlung des Bundesgerichts am 11. Mai 1956 begann, sahen die Schwarzen einen Hoffnungsschimmer, da Bundesgerichte in der Regel unabhängiger waren und echte Chancen für sie bestanden. Nach drei Wochen, am 4. Juni 1956, entschieden die drei Richter mit zwei gegen eine Stimme – Richter Lynn aus Birmingham hatte dagegen gestimmt –, daß die Bus-Segregation, die im Staat Alabama praktiziert wurde, rechts- und verfassungswidrig sei. Natürlich legten die Anwälte von Montgomery, wie zu erwarten, beim Obersten Bundesgericht Berufung ein. Noch war nichts entschieden, und das bedeutete, daß die Schwarzen weiterhin zu Fuß laufen mußten.

Auf den Sommer folgte der Herbst. Erneut tauchten Schwierigkeiten auf, die überwunden werden mußten. Noch immer wartete man in Montgomery auf die Entscheidung des Obersten Bundesgerichts. Man versuchte wiederum, den Privatwagen-Pool zu stören. Innerhalb von vier Monaten wurde viermal die Haftpflichtversicherung gekündigt. Erst als eine Verbindung mit „Lloyds" in London zustandekam, konnte dieses Problem zufriedenstellend gelöst werden.

Ende Oktober 1956 wurde die Rechtsabteilung der Stadt Montgomery von Bürgermeister Gayle angewiesen, ein Verfahren gegen die Tätigkeit des Privatwagen-Pools einzuleiten. Der Versuch, eine einstweilige Verfügung durch das Bundesgericht gegen diese Maßnahme zu erwirken, scheiterte. Am 13. November 1956 sollte die Verhandlung gegen den Privatwagen-Pool stattfinden. Es mußte damit gerechnet werden, daß der Fahrdienst als ein Privatunternehmen bezeichnet werden würde, das ohne die gesetzlich vorgeschriebene Lizenz arbeitete. Das hätte bedeutet, daß der Boykott beendet werden müßte; denn es konnte den zahllosen Schwarzen, die weite Wege bis zu ihrer Arbeitsstelle zurückzulegen hatten, nicht zugemutet werden, morgens und abends zu laufen.

In einer Massenversammlung am Vorabend der Gerichtsverhandlung sagte King, halb hoffend, halb zagend: „Dies ist vielleicht die dunkelste Stunde, kurz vor Tagesanbruch. Wir sind durch all diese Monate mit dem verwegenen Glauben hindurchgegangen, daß Gott mit uns war in diesem Kampf. Die vielen Erfahrungen vergangener Tage haben diesen Glauben in meist unerwarteter

Weise gerechtfertigt. Wir müssen daran festhalten. Wir müssen glauben, daß sich auch jetzt wieder ein Weg finden wird, wo keiner zu sehen ist."[16]

Die folgende Nacht war für King, wie er es selbst einmal formuliert hat, eine dunkle Nacht, „in der das Licht der Hoffnung fast ganz verlöschen wollte und die Lampe des Glaubens nur noch flackerte".

Dieses winzige Flackern sollte am nächsten Mittag, dem Tag der Verhandlung gegen den Privatwagen-Pool, zu einem hellen Schein werden. Bürgermeister Gayle und Kommissar Sellers wurden in ein Hinterzimmer gerufen. Unruhe breitete sich im Gerichtssaal aus. Ein Reporter brachte Martin Luther King eine Zeitung: „Hier das Urteil, auf das Sie schon lange gewartet haben!"

Schwarz auf weiß konnte King lesen, was er ständig gehofft hatte. Es war ein Tag des Sieges für die Schwarzen: Das Oberste Bundesgericht bestätigte die Entscheidung des Sondergerichts und erklärte alle staatlichen und örtlichen Gesetze in Alabama, die für die Segregation in den Bussen sprachen, für verfassungswidrig.

Am Nachmittag folgte die erwartete Gerichtsentscheidung. Der Privatwagen-Pool wurde verboten – aber was sollte dieses Urteil, nachdem Washington gesprochen hatte und das Recht der Schwarzen ausdrücklich bestätigte, dem dieser Boykott gegolten hatte! Am folgenden 14. November 1956 versammelten sich 8000 Menschen in und vor zwei der größten schwarzen Kirchen. Die Redner fuhren von der einen Kirche zur anderen, um zu möglichst vielen Schwarzen sprechen zu können. Als aus dem 1. Korintherbrief vorgelesen wurde: „Die Liebe ist langmütig und freundlich ... Einmal war ich ein Kind, ich redete wie ein Kind, ich war klug wie ein Kind und machte kindliche Pläne ...", brach die Menge in jubelnden Beifall aus. Sie war im Sinne des Pauluswortes erwachsen geworden, sie hatte zu sich selbst gefunden, die Angst überwunden. Ihre Herzen waren von der von Martin Luther King gepredigten und gelebten Gewaltlosigkeit erobert worden.

Bei vielen Weißen in Montgomery und in Alabama herrschte dagegen Empörung.

„Bundesrichter Black und Niggerpastor King gehören an ein und denselben Ast!" war auf Plakaten zu lesen.

Sollte es wieder zu Gewaltausbrüchen kommen? Der Ku-Klux-Klan wollte gegen die Aufhebung der Rassentrennung in den Bussen protestieren.

Bisher hatten sich die Schwarzen vor dem Auftreten des Ku-Klux-Klan versteckt. Würde es diesmal wieder dazu kommen?

Als am Abend der Ku-Klux-Klan in die Stadt zog, hatten die Schwarzen Fackeln angezündet, lachten und winkten aus Haustüren und Fenstern den Kapuzenmännern zu. Sie sahen im Zug des Ku-Klux-Klan erstmalig nichts anderes als einen Mummenschanz und eine Maskerade. Ein Volk hatte erfahren, daß der Mut eine der mächtigsten Waffen ist.

Bis zum Eintreffen der schriftlichen Verfügung aus Washington wollten die Schwarzen noch laufen. Sie blieben jedoch nicht untätig. King und seine Freunde arbeiteten ein Flugblatt aus, das allen Schwarzen Hinweise für integrierte Busse gab und sie anwies, wie sie sich, wenn sie erstmalig wieder die Busse benutzen würden, verhalten sollten. Die entscheidenden Punkte, die den Geist der Gewaltlosigkeit am besten beschreiben, lauteten:

„Denkt daran, daß dies nicht nur für uns Schwarze ein Sieg ist, sondern für ganz Montgomery und den ganzen Süden! Prahlt nicht damit! ...

Bringt so viel Liebe auf, daß ihr Böses hinunterschlukken könnt, und so viel Verständnis, daß aus Feinden Freunde werden!"[17]

In Gemeindeversammlungen wurden die Schwarzen geschult und für künftige Fälle des gemeinsamen Busfahrens vorbereitet. Aufbegehren oder gar Schlägereien von seiten der Schwarzen sollten auf jeden Fall unterbleiben.

Am 20. Dezember 1956 traf endlich die Verfügung über die Aufhebung der Segregation in den Bussen in Montgomery ein. Über ein Jahr lang hatten die Schwarzen ausgehalten und auf diesen Tag gewartet. In der überfüllten St. John A.M.E. Church erklärte Pfarrer King den Zuhörern:

„Seit mehr als zwölf Monaten haben wir schwarzen Bürger von Montgomery einen gewaltlosen Protest gegen die Ungerechtigkeiten und Beschimpfungen in den städtischen Autobussen durchgeführt. Wir erkannten, daß es ehrenvoller ist, in Würde zu Fuß zu gehen als in Schande zu fahren. Wir wollten lieber müde Füße haben als müde Seelen, und so beschlossen wir, so lange auf den Straßen Montgomerys zu laufen, bis die Mauern der Ungerechtigkeit niedergerissen waren. Diese zwölf Monate waren nicht leicht... Keiner von uns darf Gewalt anwenden; denn wenn wir jetzt gewalttätig werden, sind wir vergeblich zu Fuß gelaufen, und die zwölf glorreichen Monate werden zur Vorgeschichte einer dunklen Katastrophe werden... Ich bin fest davon überzeugt, daß Gott in Montgomery am Werk ist. Alle, die guten Willens sind, Schwarze und Weiße, sollten mit ihm zusammen ans Werk gehen. Dann werden wir uns aus der finsteren, trostlosen Nacht der Unmenschlichkeit erheben und in den hellen, leuchtenden Morgen der Freiheit und Gerechtigkeit hineinschreiten können."[18]

Am Morgen des 21. Dezember kamen Freunde zu Martin Luther King. Gemeinsam wollten sie in dem ersten integrierten Bus fahren. Unter ihnen war der weiße Pfarrer

Glenn Smiley. Fernsehleute und Reporter waren dabei, als King und Smiley und die anderen schwarzen Pfarrer den Bus betraten.

„Sie sind doch Pfarrer King?" frage der Fahrer.

„Ja, das stimmt!"

„Wir freuen uns, daß sie mit uns fahren."

Glenn Smiley saß neben Pfarrer King. Ein Weißer neben einem Schwarzen! Die anderen Weißen, die nach und nach einstiegen, taten so, als sei nichts geschehen. Ein paar zeigten zwar ihre Verärgerung, aber es gab am ersten Tag gemeinsamer Busfahrt keine größeren Feindseligkeiten.

Nachdem die ersten Tage ruhig verlaufen waren, konnte man fast annehmen, daß sich Weiße und Farbige an die neue Regelung in Montgomery gewöhnt hätten. Aber nach einer Woche meldeten sich radikale Weiße. Sie schlugen Schwarze nieder oder beschossen die Busse.

Pfarrer King und Pfarrer Abernathy weilten zu dieser Zeit in Atlanta. Dort waren mehrere Pfarrer zusammengekommen, die das Vorbild Montgomerys für sich und ihre Gemeinden übernehmen wollten. Die Southern Christian Leadership Conference (SCLC) = Christliche Führungskonferenz des Südens wurde gegründet und Martin Luther King zu ihrem Vorsitzenden gewählt.

Lange nach Mitternacht erhielt Ralph Abernathy aus Montgomery einen Telefonanruf. Sein Haus und seine Kirche waren bombadiert und weitere Anschläge und Attentatsversuche in drei schwarzen Kirchen unternommen worden. Der Terror regierte.

Nun wandten sich die Weißen selbst dagegen. Ende Januar 1957 wurde ein weiteres Attentat auf Kings Haus verübt. Eine noch glimmende Bombe, die nicht gezündet hatte, fand man auf der Veranda.

Verständlicherweise wuchs die Erregung der Schwarzen. Die Stadtväter konnten nicht umhin, ernsthaft nach den Tätern zu forschen; eine Belohnung für ihre Ergreifung wurde ausgesetzt.

Am 31. Januar 1957 wurden tatsächlich sieben weiße Männer verhaftet. Gegen Kaution setzte man sie allerdings wieder auf freien Fuß. Vor dem Schwurgericht des Kreises Montgomery wurden fünf von ihnen angeklagt. Ihre Schuld war erwiesen. Sie hatten Geständnisse abgelegt und unterschrieben. Das Beweismaterial war erdrückkend.

Die Geschworenen sprachen sie frei.

Erneut war das Recht gebrochen worden. Aber nach dem Freispruch endeten die Unruhen. Weiße und Schwarze fuhren endgültig gemeinsam in den Bussen. „Der Himmel stürzte nicht ein, als endlich integrierte Busse durch die Straßen Montgomerys rollten."[19]

Birmingham 1963

In seinem Buch „Warum wir nicht warten können" schrieb Martin Luther King, daß er in einem Kaufhaus in Harlem einmal seinen Namenszug in zahlreiche Exemplare seines 1958 erschienenen Buches „Stride Toward Freedom" (in deutscher Sprache „Freiheit", Brockhaus Verlag, Wuppertal 1982) setzte. Während die Leute sich um ihn drängten, kam plötzlich eine schwarze Frau auf ihn zu und rammte ihm einen Brieföffner in die Brust. Die Spitze der Waffe hatte Kings Halsschlagader berührt; der Brustkorb mußte geöffnet werden, um den Dolch zu entfernen. Eine geringe falsche oder unvorsichtige Bewegung hätte genügt, seinem Leben ein Ende zu setzen.

In Montgomery versammelte sich die Gemeinde zum Bittgottesdienst. Leise und zaghaft klang Pfarrer Ralph Abernathys Stimme: „Unser Bruder Martin Luther King trägt eine Wunde unter seinem Herzen ... Es war keine weiße Frau, sondern eine schwarze. Betet für sie; sie weiß nicht, was sie getan hat."

„Yes. Amen. Yes."

„Erinnert ihr euch noch, was Martin Luther King einmal an der Stelle gesagt hat, an der ich jetzt stehe? ‚Wenn die Straßen unserer Städte vom Blut gerötet werden müssen, dann soll es unser Blut sein, das auf ihnen fließt.' Und ein andermal: ‚Herr, ich bitte dich, laß niemand in unserem Freiheitskampf sterben! Niemand stirbt gern. Kein weißer und kein schwarzer Mensch. Auch ich sterbe nicht gern. Aber wenn es sein muß, dann laß mich das Opfer sein!'"[20]

„Betet, daß Gott den Ärzten hilft! Betet, daß Gott Martin Luther King hilft ... wir brauchen ihn ... er muß hintreten vor den modernen Pharao, die Unterdrückung, den Rassenhaß und die Feindschaft, und bitten und flehen: Let my people go! Laß mein Volk ziehen!"

„Gott, laß ihn leben ... darum bitten wir dich, Gott ...", betete die Gemeinde.

Die Menschen vergaßen ihre Müdigkeit. Mitternacht war längst vorüber.

„Laß ihn leben, Gott ... wir brauchen ihn ..."

„Amen, Amen, Amen!"

Jahre waren seit dem erfolgreichen Busboykott in Montgomery vergangen. Aber noch immer herrschte die Segregation in den Südstaaten der USA, noch immer waren die

Schwarzen Menschen zweiter Ordnung. Seit 1954 bestand die Anordnung des Obersten Gerichtshofes, daß die Desegregation der Schulen „mit wohlerwogener Beschleunigung" durchgeführt werden soll. Dennoch besuchten, fast ein Jahrzehnt nach der inzwischen historisch gewordenen Gerichtsentscheidung, erst neun Prozent der Schuljugend des Südens „integrierte" Schulen. Die Schwarzen meinten zynisch, daß die Integration „mit wohlerwogener Verzögerung" bearbeitet würde, und vermutlich wäre das 21. Jahrhundert angebrochen, bis die endgültige Integration in den Südstaaten verwirklicht wäre. Die frohe Siegeszuversicht war längst tiefer Niedergeschlagenheit und Enttäuschung gewichen.

Überall in den Vereinigten Staaten plante man im Jahre 1963 Feiern und Gedenktage anläßlich des 100. Jahrestags der Abschaffung der Sklaverei. Damals hatte Präsident Abraham Lincoln, der zwei Jahre später im Jahre 1865 ermordet wurde, die Gleichberechtigung der Schwarzen verkündet.

Alle Feiern und Empfänge konnten aber nicht darüber hinwegtäuschen, daß Schwarze, zumal in den Südstaaten, noch immer in einer Art Sklaverei lebten. Gewiß hatten sie einige Annehmlichkeiten gewonnen. Sie waren z.B. keine Leibeigenen der Weißen mehr; aber die übrigen entscheidenden Lebensbedingungen – politische, wirtschaftliche, psychologische und soziale – waren nicht besser geworden. Der damalige Vizepräsident Lyndon B. Johnson sagte einmal bezeichnenderweise, die Emanzipation sei lediglich eine Proklamation gewesen, aber kein Faktum geworden. Es war logisch, daß der Sinn dieser Jahrhundertfeier nur darin bestehen konnte, das, was mit Präsident Lincoln begonnen hatte, nunmehr zielstrebig fortzusetzen: Freiheit und Gleichheit aller Schwarzen in den USA, Aufhebung aller Rassenschranken und wirtschaftliche, soziale Gleichstellung. Wenn Jesse Owens bei den Olympischen Spielen 1936 für sein Land vier Goldmedaillen gewonnen hatte, war er zwar von aller Welt gefeiert worden; in seinem Land jedoch blieb er der „boy", der „Nigger".

Mit der Methode der Gewaltlosigkeit, in Montgomery erstmalig praktiziert und in den folgenden Jahren in den Südstaaten immer wieder erfolgreich angewandt, wollte King die größte Massenbewegung der amerikanischen Geschichte durchführen. Dazu wurde Birmingham ausgewählt, eine Stadt, die wie keine andere dazu geeignet war, der Sache der Schwarzen weiterzuhelfen. Birmingham war die größte Industriestadt des Südens. Aber Birmingham war auch die Stadt, in der die in der Verfassung festgelegten Menschenrechte am meisten mißachtet wurden. Hinter den finanziellen Interessen stand eine Machtkonzentration, die den gesamten Süden beherrschte und sich sogar im Norden Einfluß verschaffen konnte.

Birminghams Festhalten an der Segregation grenzte ans Fanatische. Als eine gerichtliche Entscheidung jede Rassendiskriminierung in öffentlichen Parks und Anlagen verbot, wurden diese Anlagen nicht etwa für Schwarze geöffnet, sondern für jedermann gesperrt. Als trotz des Verbotes leidenschaftliche Golfspieler zu ihren Golfplätzen zurückkehrten, wurden die Golflöcher auf Befehl der Stadtverwaltung mit Zement ausgegossen. Ähnlich war man mit den Trinkwasserbrunnen im Rathaus verfahren, die nunmehr Weißen und Schwarzen zugänglich waren. Kurz entschlossen wurden sämtliche Wasserleitungen abgedreht. Ehe Schwarzen das Trinken erlaubt wurde, sollte niemand in den Genuß des Trinkwassers kommen.

Birminghams Polizeichef war Eugene „Bull" Connor, vor dem sich nicht nur die Schwarzen fürchteten, sondern auch die gemäßigten Weißen, die ebenfalls die Mißhandlungen an Schwarzen kritisierten. Aus Angst vor Vergeltungsmaßnahmen schwieg man, und das war die tiefste Tragödie dieser Stadt.

Mit seinen Freunden bestimmte Martin Luther King, daß die Proteste in Birmingham am 3. April 1963 beginnen sollten. Nach einem genauen Plan führten kleine Gruppen „Sit-ins" in Imbißhallen und Kaufhäusern durch. Als man die Demonstranten zum Gehen aufforderte und diese sich weigerten, wurden sie wegen Hausfriedensbruchs festgenommen. Trotzdem blieb zunächst die Polizei zurückhaltend. „Bull" Connor glaubte offensichtlich nicht, daß größere Protestbewegungen folgen sollten.

„We shall overcome,
Black and White together;
we shall overcome some day;
deep in my heart I do believe:
We shall overcome some day!"

(„Wir werden überwinden,
Schwarze und Weiße zusammen;
wir werden eines Tages überwinden (und siegen);
tief in meinem Herzen glaube ich,
daß wir eines Tages siegen werden!")

In strenger Ordnung zogen Schwarze aus einer Kirche in Zweierreihen unter dem Singen von Bürgerrechtsliedern, aber ohne Fahnen oder Transparente, zum Rathaus.

Kurz vor dem Rathaus wurden die Marschierenden von „Bull" Connor und seinen Polizisten angehalten und aufgefordert, sich zu zerstreuen. Höflich, aber bestimmt lehnten die Anführer des Marsches diese Aufforderung mit dem Hinweis ab, daß es sich hier um eine friedliche Demonstration handele, die nicht verboten sei. Wegen „Durchführung einer Demonstration" ohne Bewilligung wurden zweiundvierzig Schwarze verhaftet. Niemand leistete Widerstand. Von den fahrenden Polizeiwagen aus sangen die Demonstranten: „We shall overcome!"

Von nun an verstärkten sich die Demonstrationen täglich. Den Sit-ins in den Geschäften und Lokalen, die wiederholt wurden, folgten Sit-ins in den öffentlichen Büchereien oder „Kneel-ins" in den „weißen" Kirchen. In diesen Kirchen knieten Schwarze zum Gebet nieder und weigerten sich, diese zu verlassen. Immer mehr Freiwillige meldeten sich. Sorgfältig mußten sie ausgewählt werden; oberstes Prinzip war und blieb die Gewaltlosigkeit.

Dann kam der erste harte Gegenschlag. Am 10. April untersagte eine gerichtliche Verfügung alle weiteren Demonstrationen. Beratungen der schwarzen Führer im kleinsten Kreis folgten.

„Es ist das erste Mal, daß wir uns gegen eine gerichtliche Anordnung auflehnen müssen", erklärte Pfarrer King. „Wir haben die Wahl, ob wir unserem Gewissen oder einem ungerechten Richterspruch folgen wollen. Dieser Spruch steht nicht auf dem Boden unserer amerikanischen Verfassung und Demokratie."

Demonstrierte man weiter, würde es zu größeren Verhaftungen und Gerichtsverfahren kommen. Alle Planungen wurden reiflich überlegt. Dann fiel die Entscheidung. Am Karfreitag sollte die nächste Demonstration unter Führung von Martin Luther King und Ralph Abernathy durchgeführt werden. Die Presse wurde benachrichtigt. Die ersten Echos auf die Meldung lauteten ablehnend. Selbst Robert Kennedy, der Bruder des Präsidenten und damalige Justizminister, bezeichnete die Entscheidung und das Vorhaben als unklug.

Am Morgen des Karfreitags folgten erneut ernste Beratungen. Die Geldmittel zur Stellung der Kautionen waren knapp geworden. Der Geschäftsmann, der die Bürgerrechtsbewegung bisher tatkräftig unterstützt hatte, erhielt von der Stadt den Hinweis, daß sie Mittel und Wege hätten, diese Geldquelle zuzudrehen.

Pfarrer Fred Shuttlesworth aus Birmingham, der bereits jahrelang für die Integration der Schwarzen gearbeitet hatte, beschwor Martin Luther King und Ralph Abernathy, den Demonstrationszug nicht anzuführen.

„Uns fehlen die Geldmittel, damit wir für euch eine Kaution stellen können, und wenn ihr an der Spitze fehlt, kann das ganze Unternehmen Birmingham scheitern."

Die Entscheidung lag allein bei Martin Luther King. In einem solchen Moment spürte der Führer dieser schwarzen Bewegung mehr als sonst, daß er, obwohl Freunde und Verbündete ihn berieten, im Grunde allein auf sich selbst gestellt war. Die Entscheidung lag bei ihm. Als er an zwanzig Millionen schwarzer Menschen dachte, die das Rote Meer der Ungerechtigkeit durchqueren und in das „Gelobte Land" der Rassengleichheit ziehen wollten, war er entschlossen, auch in das Gefängnis zu gehen, ohne zu wissen, was daraus werden würde. Er zog Arbeitskleider an und bat Ralph Abernathy mitzukommen.

„We shall overcome!"

Martin Luther King schrieb, daß es ein „wundervoller Marsch" war. Alle Straßen, durch die sich der Zug mit Pfarrer King bewegte, waren voll jubelnder und singender Schwarzer.

Manche Weißen fluchten: „Diesen King sollte man nie mehr frei umherlaufen lassen!"

Diese Meinung kannte der Pfarrer zur Genüge. Ein Leser hatte an die „Time" geschrieben: „Haltet den Unruhestifter Martin Luther King lebenslang im Gefängnis, dann werden wir wieder Ruhe haben." Selbst der Chef des amerikanischen FBI, Hoover, behauptete: „Er ist ein notorischer Lügner."

Als die Innenstadt erreicht wurde, griff „Bull" Connor mit seinen Leuten ein. King und Abernathy wurden zuerst hart gepackt, so daß ihre Hemden zerrissen. Auch die anderen Demonstranten wurden festgenommen. Keiner wehrte sich, niemand leistete Widerstand. Als King ins Gefängnis kam, hörte er das Lied der Bürgerrechtsbewegung: „We shall overcome!" Es hatte sich herumgesprochen, daß er erneut in Haft genommen worden war.

Erst nach einem Tag Haft erhielt der Pfarrer Gelegenheit, mit seinen Anwälten zu sprechen. Vor allem wollte er wissen, wie die Bewegung sich in Birmingham weiterentwickelte. Dann sollte seine Frau Coretta benachrichtigt werden, daß es ihm gut ging. Vor wenigen Tagen war in Atlanta sein viertes Kind zur Welt gekommen. Deshalb hatte Coretta nicht mitmarschieren können. Sie zeigte keine Angst um ihren Mann, aber es mußte etwas geschehen. Sie erinnerte sich, daß der frühere Präsidentschaftskandidat Kennedy im Jahre 1960, als ihr Mann in Georgia in Haft war, mit ihr telefoniert hatte. So verlangte sie diesmal eine Verbindung zum Weißen Haus nach Washington. Die Verbindung kam nicht zustande – der Präsident war in Palm Beach.

Nach etwa zehn Minuten wurde Coretta King aus Washington verlangt: „Robert Kennedy."

Sie berichtete dem Justizminister, daß ihr Mann in Einzelhaft gehalten werde. Er versprach ihr, sein Bestes für ihn zu tun. Nach einigen Stunden klingelte das Telefon erneut bei Familie King.

„Ist dort Mrs. King persönlich? Der Präsident möchte Sie aus Palm Beach sprechen."

John F. Kennedy war bereits von seinem Bruder unterrichtet worden und versprach Coretta King, sich persönlich für ihren Mann einzusetzen.

Kurze Zeit danach wurde Pfarrer King gestattet, mit seiner Frau zu telefonieren.

Am Nachmittag des Ostersonntags berichtete Clarence B. Jones, der Freund und Anwalt Martin Luther Kings, daß Harry Belafonte fünfzigtausend Dollar für Kautionen aufgetrieben hätte.

Als der Anwalt gegangen war, blieb ein sehr dankbarer, demütiger Mann in der Einzelzelle zurück. Gott hatte seinen Diener Martin Luther King auch im Gefängnis nicht verlassen. Die Osterfreude war nicht mehr getrübt.

Eine neue dramatische Steigerung folgte.

Immer wieder hatte Martin Luther King betont, daß diese Demonstrationen nicht nur für die gegenwärtig in den USA lebenden erwachsenen Schwarzen durchgeführt werden, sondern vor allem für ihre Kinder. Sie sollten einst in Freiheit und Würde leben. So erhoffte er sich für seine eigenen vier und für alle schwarzen Kinder, daß sie bald nicht mehr nach ihrer Hautfarbe, sondern nach ihrem Charakter beurteilt werden.

„Deshalb ist es recht, wenn unsere Kinder nun selbst für ihre eigene Zukunft auf die Straße gehen", forderte Pfarrer King. Die Presse in den Vereinigten Staaten protestierte. Dennoch stellte King rückblickend auf die Ereignisse von Birmingham fest, daß das Einsetzen von Jugendlichen eine der besten Ideen ihrer Bewegung gewesen sei.

Begeistert zogen die Kinder von der Baptistenkirche der 16. Straße in das Stadtinnere. Dort stand „Bull" Connors Polizei und nahm Kinder und Jugendliche fest. Freiwillig kletterten sie auf die Lastwagen. Achthundert Kinder mußten die Nacht im Gefängnis verbringen.

Als ein knapp acht Jahre altes Mädchen von einem Polizisten gefragt wurde: „Was willst du?", antwortete die Kleine unerschrocken: „Freedom!" („Freiheit!")

Immer mehr Kinder meldeten sich freiwillig. Zeitweise waren 2500 Menschen, über die Hälfte davon Kinder, in Haft.

Da gab „Bull" Connor seine Zurückhaltung auf. Erneut stellte sich die Polizei den jugendlichen Demonstranten entgegen. „Stopp! Stehenbleiben!"

Aber die Mädchen und Jungen marschierten weiter.

„Wasser frei!"

Das Wasser aus den Feuerwehrschläuchen schleuderte sie zu Boden, riß sie ein paar Meter hinweg.

Als die erwachsenen Schwarzen diese Brutalität sahen, war es fast mit der Gewaltlosigkeit zu Ende: „Ihr Schweine!" Fäuste wurden drohend gereckt.

Polizeichef „Bull" Connor, plötzlich inmitten seiner Polizisten, befahl: „Hunde los!"

An langer Leine hetzten die Polizisten mit ihren Hunden hinter den Flüchtenden her.

Zeitungsreporter hielten in Wort und Bild die Szenen fest, die um die Welt gingen: Kinder und Frauen, von der Wucht der Wasserwerfer zu Boden geschleudert, lagen wehrlos vor den knüppelschwingenden Polizisten; Polizeihunde, die Jagd auf flüchtende Menschen machten; eine Polizei, die Schutz bieten sollte, wurde als Schlägertruppe eingesetzt.

Nur die schwarzen Kirchen boten den Flüchtenden Schutz.

„Die Welt schaut auf Birmingham", rief Martin Luther King. „Es wird hier nicht eher Ruhe geben, bis unsere Forderungen akzeptiert werden."

Es sah aus, als sei in Birmingham der Bürgerkrieg ausgebrochen. Schwarze versuchten, die „weißen" Gotteshäuser zu betreten und wurden in der Mehrzahl der Fälle zurückgewiesen.

Massenversammlung in der New Pilgrim Baptist

Church mit dem Hauptredner Pfarrer Martin Luther King. Immer wieder versuchte er beschwörend, die Zuhörer auf die Gewaltlosigkeit hinzuweisen. Vor der Kirche waren fünfzig Polizisten unter Connor mit einem Feuerwehrlöschzug und Hunden aufgezogen.

Als sich die Kirchentüren öffneten und die Schwarzen sich zu einem Demonstrationszug ordneten, wurden sie nach ihrer Erlaubnis dazu gefragt.

„Wir haben keine Erlaubnis!"

Die Feuerwehrschläuche wurden entrollt. Jeden Moment konnte der Befehl „Wasser frei!" ertönen. Als die Schwarzen das sahen, knieten sie nieder. Lediglich ein Pfarrer betete laut: „Herr, vergib ihnen; sie wissen nicht, was sie tun! Gib uns Mut, laß uns keine Angst vor dem Wasser oder den Hunden haben!"

„Amen", antworteten die knienden Schwarzen.

Dann standen sie auf und begannen ihren Marsch. Connor gab seinen Befehl. Aber keiner der Weißen rührte sich; die Schläuche hingen schlaff in ihren Händen. Was war in ihnen vorgegangen?

Singend zogen die Schwarzen zum Gefängnis. Hinter den Gitterstäben sah man dunkle Schatten und hörte die Antwort: „We shall overcome!" Es gab an diesem Tag keine Zwischenfälle.

Die Demonstrationen sollten fortgeführt werden, bis vier Punkte geklärt und zur Zufriedenheit der Schwarzen gelöst werden würden:

1. In allen Kaufhäusern soll die Segregation aufgehoben werden.

2. Die Geschäfts- und Industriebetriebe haben Schwarzen die gleichen Arbeitsmöglichkeiten (Einstellung und Beförderung) zu bieten wie den Weißen.

3. Die Anklagen gegen die verhafteten Schwarzen sollen zurückgezogen werden.

4. Ein Ausschuß, besetzt von Weißen und Schwarzen, ist zu gründen, der den stufenweisen Abbau der Segregation vorantreiben soll.

Inzwischen wütete Connor weiter. Als Pfarrer Shuttlesworth von einem Wasserstrahl getroffen und verletzt wurde, kommentierte Connor: „Wenn ein Leichenwagen ihn gleich geholt hätte, wäre ich nicht traurig gewesen."

Der Gouverneur von Alabama, Wallace, sandte mittlerweile sechshundert Mann der Nationalgarde zu Connors Polizisten.

Ein Attentat, das Pfarrer Kings Bruder und seiner Familie galt, schlug fehl. In Kings Hotelzimmer hatte man eine Bombe geworfen. Glücklicherweise war er nicht anwesend, so daß niemand Schaden nahm.

Nun schlugen einige Schwarze zurück. Betrunken und grölend zogen sie durch Birminghams Straßen. Ihr Lied hieß nicht mehr: „We shall overcome!", sondern: „Weißer, wir schlagen dich tot!" King suchte Spielhöllen und Bars auf und predigte die Gewaltlosigkeit. Am Morgen ließen die Unruhen nach.

Aber eine Stimme war erstmalig unter den Schwarzen Amerikas zu hören gewesen, die in den folgenden Jahren immer fordernder und lauter werden sollte. Der Führer der Black Muslims, Malcolm X, stellte fest, daß Schwarze von nun an der Gewalt der Weißen ihre eigene Gewalt und Macht entgegensetzen würden. Martin Luther Kings Gewaltlosigkeit wurde als Schwäche deklariert und der Lächerlichkeit preisgegeben.

Andere Nachrichten besagten, Präsident Kennedy hätte dreitausend Mann Bundestruppen in die Nähe von Birmingham verlegt und wollte Vorbereitungen treffen, die Nationalgarde des Gouverneurs Wallace unter Bundeskommando zu stellen.

Brief aus dem Gefängnis von Birmingham

Als Martin Luther King im Gefängnis von Birmingham in Haft gehalten wurde, hatte er Gelegenheit, acht weißen Pfarrern auf eine „Erklärung" zu antworten und die Gründe für den gewaltlosen Widerstand zu nennen. Der Brief wurde auf dem Rand einer Zeitung begonnen, auf Papierfetzen fortgesetzt und beendet auf einem Block, den Kings Anwälte in der Zelle zurückließen. Der Brief ist enthalten in dem Buch „Why we can't wait" (Warum wir nicht warten können) von Martin Luther King.

16. April 1963

Meine lieben Mitbrüder,
während ich hier im Stadtgefängnis von Birmingham sitze, lese ich Ihre Erklärung, die jüngst meine derzeitige Betätigung als „weder weise noch zeitgemäß" betrachtete. Nur selten pflege ich innezuhalten, um Kritik an meiner Arbeit und meinen Leitgedanken zu beantworten; wenn ich mich anschicken wollte, alle kritischen Äußerungen, die auf meinen Schreibtisch gelangen, zu erwidern, dann bliebe meinen Schreibkräften kaum Zeit für andere Arbeit übrig und mir verbliebe keine, um Nützliches zu leisten. Aber weil ich davon überzeugt bin, daß Sie Männer von reinen und guten Absichten sind – und weil Ihre Kritik im Geist aufrichtiger Teilnahme niedergeschrieben wurde –, will ich mich bemühen, eine Erwiderung zu formulieren, und zwar, so hoffe ich, voll Geduld und in Vernunft.

Zunächst sollte ich wohl dartun, warum ich in Birmingham bin, da Sie offenkundig zu jenen zählen, die dagegen sind, daß „Außenseiter" sich hereindrängen. Mir ist die Ehre zuteil geworden, Präsident der „Southern Christian Leadership Conference" zu sein, einer Organisation, die in jedem der Südstaaten tätig ist und die ihr Hauptbüro in Atlanta im Staate Georgia hat. An die 85 Organisationen des Südens sind uns angeschlossen, und eine von diesen ist die „Alabama Christian Movement for Human Rigths". Häufig teilen wir gemeinsam Personal-, Erziehungs-, Finanz- und andere Mittel mit unseren angeschlossenen Gruppen. Die erwähnte Gruppe in Birmingham hat uns vor mehreren Monaten gebeten, auf Anruf bereitzustehen, um uns, wenn es sich als notwendig erweisen sollte, in gewaltloser Direktaktion zu betätigen. Sofort erklärten wir unsere Bereitschaft, und als die Stunde gekommen war, erfüllten wir unser Versprechen. So bin ich denn – mit einigen meiner Helfer – hier, weil man mich darum gebeten hatte und weil ich organisatorisch dieser Gemeinde verbunden bin.

Der tiefere Grund meines Hierseins freilich ist das Unrecht, das in Birmingham zu Hause ist. Ganz wie die Propheten des achten vorchristlichen Jahrhunderts aus ihren Dörfern auszogen und ihr „So spricht der Herr" weit über die Mauern ihrer heimischen Gemeinden hinweg erklingen ließen und ganz wie der Apostel Paulus die Stadt Tarsus verließ, um die Botschaft von Jesus Christus in die fernsten Außenbezirke der griechisch-römischen Welt zu tragen, so habe ich die Botschaft der Freiheit über die Grenzen meiner eigenen Heimatstadt hinauszutragen. Wie Paulus muß ich dem mazedonischen Ruf nach Hilfe folgen.

Darüber hinaus bin ich mir bewußt, daß alle Gemeinden und Staaten wechselseitig miteinander verbunden sind. Ich kann nicht untätig in Atlanta sitzen und mich nicht um das kümmern, was in Birmingham geschieht. Ungerechtigkeit an irgendeinem Ort bedroht die Gerechtigkeit an jedem anderen. Wir sind in einem unentrinnbaren Netz wechselseitiger Abhängigkeit verfangen und in ein einziges Gewand gemeinsamen Schicksals verwoben. Was den einen unmittelbar betrifft, betrifft alle anderen mittelbar. Nie mehr wird man sich geborgen hinter dem engen und provinziellen Schutzvorwand des „außenstehenden Agitators" aus der Affäre ziehen können. Keiner, der in den Vereinigten Staaten lebt, kann irgendwo innerhalb dieses Gebiets als Außenseiter betrachtet werden.

Sie beklagen die Demonstrationen, die sich in Birmingham zugetragen haben. Ich beklage es, daß Sie sich nicht in ähnlicher Härte über die Gegebenheiten geäußert haben, die solche Demonstrationen herbeigeführt haben. Sicherlich würde keiner von Ihnen sich mit jener oberflächlichen Analyse gesellschaftlicher Zustände zufriedengeben, die sich lediglich mit Auswirkungen befaßt und es unterläßt, sich Gedanken über ihre Ursachen zu machen. Es ist bedauerlich, daß es in Birmingham zu Demonstrationen kommen muß, aber weit bedauerlicher ist es, daß die ausschließlich von den Weißen bestimmten Verhältnisse dieser Stadt den hiesigen Schwarzen gar keine andere Wahl gelassen haben.

Für jeden gewaltlosen Feldzug gibt es vier grundlegende Regeln: Prüfung der Tatsachen, ob Unrecht vorliegt; Verhandlungsführung; Selbstprüfung und direktes Vorgehen. Alle diese Schritte haben wir in Birmingham zurückgelegt. Niemand kann leugnen, daß rassische Ungerechtigkeit diese Gemeinde beherrscht. Birmingham ist wohl die am radikalsten von Rassentrennung erfüllte Stadt der Vereinigten Staaten. Die abscheuliche Kette ihrer Gewalttätigkeiten ist weithin bekannt. Die Schwarzen waren himmelschreienden Ungerechtigkeiten vor den Gerichten ausgesetzt. Unaufgeklärte Bombenanschläge auf Häuser und Kirchen von Schwarzen wurden in keiner anderen Stadt unseres Landes in solcher Fülle verzeichnet wie in Birmingham. Das sind die harten und unwiderlegbaren Tatsachen dieses Falls. Auf Grund dieser Gegebenheiten bemühten sich die maßgebenden Persönlichkeiten der Schwarzen um Verhandlungen mit den Stadtoberhäuptern, die sich jedoch stets weigerten, solche in gutem Glauben zu führen.

Im vergangenen September bot sich schließlich die Gelegenheit, mit den im Wirtschaftsleben von Birmingham führenden Männern ins Gespräch zu kommen. Im Verlauf dieser Verhandlungen wurden von den Geschäftsleuten gewisse Zusicherungen gemacht – z.B. die demütigenden, rassendiskriminierenden Aufschriften aus den Läden zu entfernen. Auf Grund dieser Versprechen haben Reverand Fred Shuttlesworth und die anderen Führer der „Alabama Christian Movement for Human Rights" einem Stillhalteabkommen in bezug auf Demonstrationen zugestimmt. Während der letzten Wochen und Monate wurden wir uns darüber klar, daß wir die Opfer eines gebrochenen Versprechens geworden waren. Ein paar Aufschriften wurden für kurze Zeit entfernt, dann aber wieder angebracht; die anderen hatte man überhaupt gar nicht abgenommen.

Wie so oft in der Vergangenheit waren wieder einmal unsere Hoffnungen betrogen worden, und wir fanden uns alle zutiefst enttäuscht. Es blieb uns kein anderer Ausweg, als zur Direktaktion überzugehen und jetzt unsere eigenen Körper dafür einzusetzen, um unseren Fall sowohl vor der örtlichen Gemeinde wie der gesamten Volksgemeinschaft darzulegen. Da wir uns bewußt waren, welche Schwierigkeiten zu überwinden sein würden, entschlossen wir uns, zunächst eine Reihe von selbstprüfenden Maßnahmen zu ergreifen. Wir führten Arbeitssitzungen über das Wesen der Gewaltlosigkeit durch und befragten uns häufig: „Kannst du Schläge erdulden, ohne zurückzuschlagen? Kannst du die Qual der Einkerkerung ertragen?" Wir entschieden dann, unser Aktionsprogramm in der Osterzeit zu verwirklichen, denn wir wußten, daß – von Weihnachten abgesehen – dies die hauptsächlichste Einkaufszeit ist. Wir wußten auch, daß als Begleiterscheinung unseres unmittelbaren Vorgehens eine starke Störung im Handel zu erwarten war, und waren darum sicher, daß dies der beste Zeitpunkt sei, um auf die Geschäftswelt jenen Druck auszuüben, der nötig ist, um Änderungen herbeizuführen.

Dann erinnerten wir uns daran, daß im März in Birmingham eine Bürgermeisterwahl fällig war, und wir entschlossen uns rasch, unsere Aktion erst nach dieser durchzuführen. Als es klar wurde, daß der Kommissar der Sicherheitspolizei, Eugene „Bull" Connor, so viele Stimmen auf sich vereint hatte, daß er Kandidat im zweiten Wahlgang sein würde, beschlossen wir eine weitere Verschiebung bis nach jenem Termin, so daß unsere Demonstrationen nicht die dem Wähler zur Entscheidung vorgelegten Fragen verwirren könnten. Gleich vielen anderen wollten wir erst die Wahlniederlage von Mr. Connor abwarten, und deshalb nahmen wir die abermalige Aufschiebung hin. Nachdem wir diesen Beitrag zum Allgemeinwohl geleistet hatten, waren wir davon überzeugt, daß unsere Direktaktion nicht noch weiter verzögert werden dürfe.

Sie mögen nun die Frage aufwerfen: „Warum denn Direktaktion? Warum denn ‚Sit-ins‘, Märsche und ähnliches? Wären Verhandlungen nicht viel sinnvoller? Ihr Ruf nach Verhandlungen ist sicherlich berechtigt.

Tatsächlich liegt in ihnen Sinn und Zweck der Direktaktion. Die gewaltlosen Direktaktionen bemühen sich, ein so kritisches Spannungsverhältnis zu schaffen, daß eine Gemeinde, die sich bis dahin hartnäckig geweigert hat, Verhandlungen zu führen, sich nun gezwungen sieht, den Tatsachen ins Auge zu blicken. Die Direktaktion will die Streitfrage so dramatisch herausstellen, daß man sie nicht länger zu ignorieren vermag. Wenn ich hier darlege, daß die Erregung einer solchen Spannung zu dem Bestreben des gewaltlosen Widerständlers gehört, dann mag dies für manche schockierend klingen. Ich bekenne jedoch, daß ich mich nicht vor dem Wort „Spannung" ängstlich hüte. Ich war und bin immer gegen Opposition, die Gewalt anwendet, aber ich weiß, daß es fruchtbare und aufbauende gewaltlose Spannungen gibt, und der Fortschritt erheischt sie. Wie einst Sokrates wußte, daß er im Geist des Menschen Spannungen hervorrufen mußte, damit der einzelne sich aus den Fesseln der Mythen und der Halbwahrheiten lösen und aufsteigen konnte in das ungefesselte Reich der schöpferischen Analyse und objektiven Wertung, so müssen wir erkennen, daß gewaltlose lästige Außenseiter in der Gesellschaft jene Spannung auslösen, welche die Menschen befähigen wird, aus den dunklen Niederungen des Vorurteils und des Rassismus zu den hellen Höhen gegenseitigen Verständnisses und echter Brüderlichkeit aufzusteigen.

Die Aufgabe unseres Direktaktionsprogramms ist es, eine Situation herbeizuführen, die so krisenschwanger ist, daß sie unvermeidbar die Tore zu Verhandlungen aufstößt. Ich stimme Ihnen also zu, wenn Sie Verhandlungen fordern. Allzulange ist unser geliebtes Südland steckengeblieben in dem tragischen Bestreben, eine monologische Existenz zu führen, anstatt in eine Zwiesprache einzutreten.

Ein hauptsächliches Argument, das Sie vorgebracht haben, meint, daß wir für die Aktion, die meine Gefährten und ich in Birmingham unternahmen, einen falschen Zeitpunkt gewählt hätten. Einige fragten uns: „Warum gewährt ihr denn der neuen Stadtverwaltung keine Zeit, um zu handeln?" Die einzige Antwort auf solche Fragen ist für mich, daß die neue Verwaltung genauso angestoßen werden muß wie die vorhergehende, bevor sie handeln wird. Wenn wir uns einbilden, daß die Wahl von Albert Boutwell zum Bürgermeister das Paradies nach Birmingham bringen würde, dann irren wir uns gewaltig. Wenn auch Mr. Boutwell eine weit charmantere Gestalt ist, als Mr. Connor es war, so sind sie doch beide Segregationisten, die den Status quo beizubehalten wünschen. Ich hege jedoch die Hoffnung, daß Mr. Boutwell so vernünftig sein wird einzusehen, daß es sinnlos wäre, gegen die Aufhebung der Rassentrennung (Desegregation) massiven Widerstand zu leisten. Aber dies wird er nicht erkennen, wenn auf ihn kein Druck von den Freunden der Bürgerrechte ausgeübt wird. Meine Freunde – ich muß Ihnen sagen, daß es auf dem gesamten Gebiet der Bürgerrechte keinen einzigen Schritt vorwärts gegeben hat, ohne entschiedene, gesetzliche und gewaltlose Druckausübung. Es ist nun einmal eine betrübliche, aus der Geschichte sich ergebende Wahrheit, daß privilegierte Gruppen nur höchst selten ihre Vorrechte freiwillig aufgeben. Einzelne Menschen mögen, vom Licht der Moral geleitet, zur Erkenntnis finden und freiwillig Positionen aufgeben, die sie zu Unrecht einnehmen, aber – wie Reinhold Niebuhr uns erinnerte – Gruppen sind weit weniger als einzelne geeignet, moralisch zu handeln.

Aus langen und schmerzlichen Erfahrungen haben wir die Lehre gezogen, daß Freiheit nie vom Unterdrücker freiwillig gewährt wird: Sie muß vielmehr von ihm gefordert werden. Offen gestanden: Bis heute habe ich noch nie einen Direktaktionsfeldzug durchgeführt, dessen Zeitpunkt die Billigung derer gefunden hätte, die nicht übermäßig unter der unheilvollen Rassentrennung zu leiden gehabt hatten. Jahrelang habe ich nun die Mahnung „Abwarten!" gehört, und diese Forderung klingt in den Ohren des Schwarzen bereits schmerzhaft. Das „Warten" hat fast immer „Niemals!" bedeutet. Im Einklang mit einem der großen Richter unserer Nation müssen wir die Erkenntnis akzeptieren: „Zu lange verzögerte Gerechtigkeit ist verweigerte Gerechtigkeit."

Mehr als 340 Jahre haben wir auf unsere von Gott gewährten und von der Verfassung verbürgten Rechte gewartet. Mit der Geschwindigkeit eines Düsenflugzeugs erringen Nationen in Asien und Afrika ihre Unabhängigkeit; wir aber kriechen noch immer im Tempo einer Postkutsche auf das Recht zu, an einer Imbißstätte eine Tasse Kaffee zu erhalten. Vielleicht ist es für jene, die nie den Stachel der Rassentrennung in ihr Fleisch dringen fühlten, einfach zu sagen: „Wartet!" Aber wenn Sie bösartige Massen beobachten könnten, wie sie ganz nach Belieben Ihre Eltern lynchten und Ihre Geschwister ertränkten; wenn Sie sehen müßten, wie haßerfüllte Polizisten auf Ihre schwarzen Brüder und Schwestern fluchten, nach ihnen stießen und sie sogar töteten; wenn Sie erkennen müßten, daß die große Mehrheit der dunkelhäutigen Mitmenschen in einem luftdicht abgeschlossenen Käfig der Armut inmitten einer Gesellschaft des Wohlstandes ersticken muß; wenn Sie erlebten, wie Ihre Zunge erlahmt und Ihre Sprache sich in Stammeln verwandelt, wenn es darum geht, Ihrer sechsjährigen Tochter zu erklären, warum sie nicht in jenen Vergnügungspark gehen könne, für den eben im Fernsehen geworben wurde, und ihr dann die Tränen in die Augen treten, wenn sie erfährt, daß „Funtown" vor schwarzen Kindern seine Tore verschließt; und wenn Sie erkennen müssen, daß unheilschwangere Minderwertigkeitsgefühle Ihren geistigen Horizont zu verdüstern beginnen und Ihr Herz sich unbewußt gegen Weiße verbittert; wenn Sie sich gezwungen sehen, eine Antwort zu erfinden, wenn Ihr Fünfjähriger Sie fragt: „Papa, warum sind die Weißen zu den Schwarzen so gemein?"; wenn Sie über Land fahren und gezwungen sind, allnächtlich in den unbequemen Ecken Ihres Wagens zu schlafen, weil kein Motel Sie aufnimmt; wenn Sie tagtäglich durch provozierende Schilder „Für Weiße" und „Für Schwarze" verärgert werden; wenn „nigger" Ihr Vorname, „boy" Ihr Mittelname wird (gleichviel wie alt Sie sind) und „John" Ihr Nachname; wenn Ihrer Mutter und Ihrer Frau nie die höfliche Anrede „Mrs." gewährt wird; wenn Sie am Tag von der Tatsache, daß Sie Schwarzer sind, gehetzt und in der Nacht von ihr geängstigt werden; wenn Sie sozusagen stets auf Zehenspitzen Ihr Dasein fristen, ohne je ganz zu wissen, was der nächste Augenblick bringen mag; wenn Sie stets von inneren Furchtzuständen und äußeren Mißachtungen gepeinigt werden; wenn Sie unablässig anzukämpfen haben gegen ein verrottendes Gefühl, daß Sie nichts und niemand seien – dann werden Sie verstehen, warum wir es schwierig finden abzuwarten. Einmal kommt der Tag, an dem der Becher des Ausharrens überquillt und Menschen nicht länger geneigt sind, in den Abgrund der Verzweiflung geworfen zu sein. Ich hoffe, daß Sie, verehrte Herren, unsere gerechtfertigte und unvermeidbare Ungeduld begreifen werden.

Sie haben große Sorge darüber zum Ausdruck gebracht, daß wir gewillt wären, Gesetze zu verletzen. Eine solche Besorgnis ist an sich durchaus begreiflich. Nachdem wir so hingebend die Bevölkerung anhalten, der Entscheidung des Obersten Gerichtshofes vom Jahre 1954, die der Rassentrennung in den Schulen ein Ende setzen wollte, zu gehorchen, erscheint es zunächst als widersinnig, daß wir bewußt Gesetze verletzen. Man kann sehr wohl fragen: „Wie können Sie dazu aufrufen, das eine Gesetz zu brechen und das andere zu achten?" Die Antwort liegt darin, daß es zweierlei Gesetze gibt – gerechte und ungerechte. Ich werde immer in der vordersten Reihe derer zu finden sein, die für die Achtung gerechter Gesetze kämpfen. Nicht nur juristisch, sondern auch moralisch sind wir verpflichtet, dem gerechten Gesetz zu folgen. Gleichermaßen ist man moralisch dazu verpflichtet, gegen das ungerechte Gesetz Widerstand zu leisten. Ja, ich teile die Meinung des heiligen Augustin, der da sagt, daß „das ungerechte Gesetz überhaupt kein Gesetz ist". Nun, worin liegt denn der Unterschied zwischen den beiden, und wie kann man beurteilen, ob ein Gesetz gerecht oder ungerecht ist? Gerechte Gesetze sind im Einklang mit dem moralischen, mit dem göttlichen Gesetz. Ein ungerechtes Gesetz widerspricht der moralischen Weltordnung. Um Worte des Thomas von Aquin zu benutzen: „Ein ungerechtes Gesetz ist ein Menschengesetz, das seine Wurzeln nicht im ewigen und natürlichen Recht gründet." Jedes Gesetz, das die Persönlichkeit des Menschen auf eine höhere Ebene versetzt, ist gerecht, und jedes, das ihn erniedrigt, ist ungerecht. Alle Verordnungen der Rassentrennung sind ungerecht und unrecht, weil die Segregation die Seele zerstört und die Persönlichkeit schädigt. Dem Anhänger der Rassentrennung leiht sie ein falsches Gefühl der Überlegenheit, seinem Opfer ein ebenso falsches Gefühl der Minderwertigkeit. Um die Sprache des jüdischen Philosophen Martin Buber zu gebrauchen: Die Rassentrennung setzt an die Stelle der „Ich-Du"-Beziehung die „Ich-Es"-Beziehung und führt dazu, daß Menschen zur Sache herabgewürdigt werden. So ist die Segregation nicht nur politisch, wirtschaftlich und soziologisch ungesund, sondern auch moralisch falsch und sündhaft. Paul Tillich hat gesagt, daß Sünde das gleiche ist wie Trennung und Absonderung. Ist nicht die Rassentrennung wesensmäßig der Ausdruck der tragischen Trennung des Menschen, seiner furchtbaren Absonderung, ja, seiner schrecklichen Sündhaftigkeit? So kann ich reinen Herzens Menschen drängen, der Entscheidung des Obersten Gerichtshofes aus dem Jahr 1954 Folge zu leisten, denn sie ist moralisch richtig, und ich kann sie aufrufen, den Rassentrennungsverordnungen Widerstand zu leisten, denn sie sind moralisch unrecht.

Wir wollen ein noch konkreteres Beispiel dessen geben, was gerechte und was ungerechte Gesetze sind. Ein ungerechtes Gesetz ist ein solches, das eine zahlen- oder machtmäßig stärkere Gruppe einer Minderheit auferlegt, ohne sich selbst an dieses Gesetz zu halten. Somit wird die Unterschiedlichkeit gesetzmäßig verankert. Ein gerechtes Gesetz ist demnach nur dasjenige, das Mehrheit wie Minderheit gleichermaßen zu Gehorsam anhält. Hier wird die Gleichheit vor und in dem Gesetz verankert.

Ich will noch ein weiteres Beispiel anführen. Ein Gesetz ist ungerecht, wenn es einer Minderheit auferlegt wird, die, weil man ihr das Wahlrecht verweigert, gar keinen Anteil am Zustandekommen des Gesetzes gehabt hat. Wer möchte behaupten, daß die gesetzgebende Körperschaft des Staates Alabama, welche die Segregationsvorschriften formulierte, demokratisch gewählt worden sei? Überall in Alabama werden die ausgeklügeltsten und abgefeimtesten Methoden angewandt, um Neger daran zu hindern, eingetragene Wähler zu werden, und es gibt einige Bezirke, in denen, obgleich die Schwarzen eine Mehrheit der Bevölkerung darstellen, kein einziger Schwarzer als Wähler registriert ist. Kann irgendein Gesetz, das unter solchen Umständen Annahme fand, als Ergebnis demokratischer Entscheidungen gewertet werden?

Zuweilen ist ein Gesetz, oberflächlich besehen, nicht

Unrecht und doch ungerecht in seiner Anwendung. So wurde ich beispielsweise festgenommen und gefangengesetzt unter der Beschuldigung, daß ich an einem Aufmarsch teilgenommen hätte, der keine Genehmigung erhalten hatte. Nun, es ist nicht zu beanstanden, daß es eine Verordnung gibt, die für Aufmärsche Genehmigungen erforderlich macht. Aber Unrecht ist es, wenn eine derartige Verordnung dazu mißbraucht wird, die Rassentrennung aufrechtzuerhalten, und wenn den Bürgern ein Recht verweigert wird, das ihnen durch den ersten Zusatzartikel unserer Verfassung gewährt wird und das ihnen garantiert, sich friedlich zu versammeln und gegen Unrecht zu protestieren. Darf ich hoffen, daß Sie den Unterschied sehen können, den ich klarzumachen bestrebt bin? In keiner Weise plädiere ich dafür, Gesetze zu umgehen oder sich ihnen zu widersetzen, wie es der radikale Segregationist täte. Das wäre der Weg zur Anarchie. Derjenige, der sich gegen ein ungerechtes Gesetz vergeht, muß dies offen, mit Hingabe an die gute Sache und in der Bereitschaft, die Strafe auf sich zu nehmen, tun. Ich bin davon überzeugt, daß derjenige, der ein Gesetz bricht, von dem ihm sein Gewissen sagt, daß es Unrecht ist, und der gewillt ist, dafür ins Gefängnis zu gehen und das Gewissen der Gemeinschaft über das Unrecht zu wecken, fürwahr den höchsten Respekt für Gesetz, Recht und Gerechtigkeit unter Beweis stellt.

Natürlich ist diese Art bürgerlicher Gehorsamsverweigerung in keiner Weise eine neue Erfindung. In höchster Vollendung wurde sie bewiesen, als sich Meschach und Abednego weigerten, den Gesetzen des Nebukadnezar zu gehorchen, mit der Begründung, daß ein höheres moralisches Gesetz auf dem Spiel stand. In gleicher Vollendung praktizierten diese Gehorsamsverweigerung jene frühen Christen, die gewillt waren, eher hungrigen Löwen vorgeworfen zu werden und furchtbare Qualen in Steinbrüchen zu ertragen, als sich bestimmten ungerechten Gesetzen des Römischen Reiches zu unterwerfen. Akademische Freiheit verdanken wir zum Teil der Tatsache, daß Sokrates bürgerliche Gehorsamsverweigerung begangen hat.

Niemals sollten wir vergessen, daß alles, was Adolf Hitler in Deutschland tat, „gesetzmäßig" und daß alles, was die ungarischen Freiheitskämpfer vollbrachten, „gesetzwidrig" war. „Gesetzwidrig" war es, einem Juden im Hitler-Deutschland Hilfe und Trost zu gewähren. Wenn ich jedoch damals in Deutschland gelebt hätte, ich hätte bestimmt meinen jüdischen Brüdern Hilfe geleistet und Trost gespendet. Wenn ich heute in einem kommunistischen Land leben würde, in dem gewisse Grundsätze mißachtet werden, die dem Christenglauben teuer sind, dann würde ich mich offen dafür einsetzen, daß diesen religionsfeindlichen Grundsätzen nicht zu gehorchen sei.

Ich muß Ihnen, meine christlichen und jüdischen Brüder, zwei ehrliche Bekenntnisse ablegen. Zunächst muß ich gestehen, daß mich im Laufe der jüngsten Jahre am tiefsten die Haltung der weißen „Gemäßigten" enttäuscht hat. Fast bin ich zu dem betrüblichen Schluß gezwungen worden, daß das große Hindernis für den Schwarzen auf seinem Weg zur Freiheit nicht aus Männern des „White Citizen's Council" oder des Ku-Klux-Klan besteht, und es scheint, daß der „gemäßigte" Weiße der Idee der „Ordnung" größere Verehrung entgegenbringt als der Gerechtigkeit an sich. Der weiße „Gemäßigte" zieht einen negativen Frieden (die Abwesenheit von Spannung) einem positiven Frieden (der Herrschaft der Gerechtigkeit) vor; er versichert stets: „Im Ziel bin ich mit Ihnen einig, aber nicht in der Methode der Direktaktion, die Sie zu seiner Erreichung gewählt haben"; er bildet sich, gleich einem weisen Vater, ein, den Fahrplan für den Freiheitskampf eines anderen fixieren zu können, und läßt sich beherrschen von einer seltsamen Zeitvorstellung, die ihn dazu bewegt, dem Schwarzen stets zu raten, auf einen „geeigneteren Zeitpunkt" zu warten. Das schale Verständnis, das Menschen guten Willens einem entgegenbringen, behindert mehr als die absolute Verständnislosigkeit der Übelgesonnenen. Die lauwarme Zustimmung verwirrt viel stärker als die ausgesprochene Ablehnung. Ich hatte zu hoffen gewagt, daß die gemäßigten Weißen einsehen würden, daß Gesetz und Ordnung lediglich deswegen bestehen, um Gerechtigkeit durchzusetzen, und daß sie, wenn sie diesen Zweck nicht erfüllen, sich als gefährliche Hindernisse erweisen, die den Strom des gesellschaftlichen Fortschritts aufhalten.

Gehofft hatte ich, daß die weißen Gemäßigten begreifen würden, daß die derzeitige Spannung eine notwendige Entwicklungsstufe ist in dem Wandel von einem widerlichen negativen Friedensstand – während dessen der Schwarze untätig sich seinem unrechten Los unterwarf – zu einem echten und positiven Frieden – worin alle Beteiligten die Würde und den Wert der menschlichen Persönlichkeit ehren und achten. Tatsächlich sind wir, die gewaltlose Direktaktionen praktizieren, nicht diejenigen, welche die Spannung erzeugen. Wir enthüllen lediglich die verborgene Spannung, die bereits besteht. Wir bringen sie ans Tageslicht, so daß man sie erkennen und behandeln kann. Genau wie eine Geschwulst nicht geheilt werden kann, solange sie nicht in all ihrer Häßlichkeit den natürlichen Heilkräften von Luft und Licht bloßgelegt wird, so muß auch die Ungerechtigkeit mit all der Spannung, die dieser Vorgang mit sich bringt, bloßgelegt und dem Licht des menschlichen Gewissens und der Luft der öffentlichen Meinung dargeboten werden, bevor eine Heilung eintreten kann.

In Ihrer Erklärung betonen Sie, daß unsere Handlungen verdammt werden müßten, da sie – obgleich sie friedlich und gewaltlos sind – dazu angetan seien, Gewaltakte zu erzeugen. Ist dies wirklich eine logische Schlußfolgerung? Klingt dies nicht so, als ob man das Opfer eines Raubüberfalls verurteilen würde, weil die Tatsache, daß es Geld besaß, Voraussetzung für die Übeltat des Räubers war? Wäre dies nicht so, als ob man Sokrates verdammen wollte, weil seine unerschütterliche Hingabe an die Idee der Wahrheit und seine philosophische Suche den Handlungen der irregeleiteten Volksmassen voranging, die ihn dazu zwangen, den Schierlingsbecher zu leeren? Wäre dies nicht dasselbe, als wenn man Jesus dafür verurteilen wollte, daß seine einzigartige Gotterfülltheit und seine unendliche Ergebenheit in Gottes Willen der Übeltat seiner Kreuzigung vorangingen? Wir müssen endlich erkennen, daß – wie auch von den Bundesgerichtshöfen immer wieder bestätigt worden ist – es falsch ist, einen einzelnen aufzufordern, seinen Kampf um seine verfassungsmäßigen Grundrechte aufzugeben, weil dieser Kampf Gewalttätigkeiten auslösen kann. Die Gesellschaft muß den Räuber bestrafen und seinem Opfer Schutz angedeihen lassen.

Meine Hoffnung war es auch gewesen, daß die weißen Gemäßigten ihre absonderlichen Vorstellungen in bezug auf die Zeit und den Kampf für die Freiheit aufzugeben bereit wären. Ich erhielt eben einen Brief eines weißen Bruders aus Texas, der mir schreibt: „Alle Christen wissen, daß schließlich und endlich einmal den Schwarzen gleiche Rechte gewährt werden; aber möglicherweise befinden sie sich in zu großer religiöser Eile. Das Christentum hat fast zweitausend Jahre benötigt, um das zu erreichen, was ihm gelang. Es benötigt Zeit, bis die Lehren Christi auf dieser Erde begriffen werden." Eine derartige Haltung ist das Ergebnis eines tragischen Irrtums über das Wesen der

Zeit, und es entspringt der seltsamen und vernunftwidrigen Idee, daß irgend etwas im Zeitablauf zur Heilung aller Übel beitragen würde. In Wirklichkeit ist die Zeit wesensmäßig neutral: Sie kann in zerstörender wie in aufbauender Weise benutzt und genutzt werden. Immer mehr gelange ich zu der Überzeugung, daß Leute mit schlechten Absichten weit besser vermocht haben, die Zeit und ihren Ablauf ihren Interessen dienstbar zu machen, als dies den Menschen guten Willens gelungen ist. Unsere Generation muß nicht allein büßen für die Haßworte und Untaten der Schlechten, sondern auch für das erschütternde Schweigen der Guten. Der Fortschritt des Menschengeschlechts bewegt sich nie auf den Rädern der Unvermeidbarkeit vorwärts: es ist vielmehr das Ergebnis des rast- und ruhelosen Bemühens der Menschen, die gewillt sind, als Helfer des göttlichen Herrn zu wirken. Ohne ihre harte Arbeit wird die Zeit zum Bundesgenossen sozialen Stillstands. Wir müssen die Zeit schöpferisch nutzen, im Bewußtsein, daß die Zeit immer dafür recht und reif ist, das Rechte zu tun. Jetzt ist es an der Zeit, das Versprechen der Demokratie zur Erfüllung zu bringen und die noch nicht erfüllten Hoffnungen unserer Nation in einem schöpferischen Werk der Brüderlichkeit zu erfüllen. Jetzt ist die Zeit gekommen, unsere Innenpolitik aus dem trügerischen Flugsand rassischer Ungerechtigkeit zu erheben und auf den festen Grund menschlicher Würde zu gründen.

Sie haben unsere Tätigkeit in Birmingham als „extrem" bezeichnet. Zunächst war ich recht enttäuscht davon, daß geistliche Kollegen meine gewaltlosen Bemühungen als die eines Extremisten ansehen konnten. Dann dachte ich, daß ich in der Mitte stehe zwischen zwei gegensätzlichen Auffassungen innerhalb der Gemeinschaft der Schwarzen. Die einen sind die Vertreter der Apathie, die auf Grund der langen Jahre der Unterdrückung nun bar jeden

Selbstrespekts und jeden Selbstbewußtseins sind, so daß sie sich der Segregation ergeben haben; zu ihnen zählen auch einige Angehörige des Mittelstandes, die zum Teil, weil sie einen gewissen Grad akademischer und wirtschaftlicher Sicherheit errungen haben, und zum Teil, weil sie sogar auf manche Weise Vorteile aus der Segregation ziehen, jedes Gefühl für das Schicksal der Massen verloren haben. Die andere Kraft ist die der Verbitterung und des Hasses, und diese ist dem Punkt gefährlich nahe, an dem es zum Einsatz offener Gewalt kommt. Ausdruck fand diese Kraft in den verschiedenen schwarzen nationalistischen Gruppen, die allerorts in Erscheinung treten und deren größte und bekannteste die „Muslim-Bewegung" des Elijah Muhammad ist. Sie wird von dem Gefühl hoffnungsloser Enttäuschung über die fortgesetzte rassische Diskriminierung des Schwarzen genährt und besteht aus Menschen, die ihren Glauben an Amerika eingebüßt haben, die sich bedingungslos vom Christentum losgesagt haben und zu dem Schluß gelangt sind, daß der weiße Mann ein nicht besserungsfähiger „Teufel" sei.

Mein Bestreben war und ist es, zwischen diesen zwei Lagern zu stehen und zu verkündigen, daß wir weder die Haltung der Untätigkeit der Allzubeschaulichen noch den Haß und die Verzweiflung der schwarzen Nationalisten akzeptieren dürfen. Denn es steht uns der weit bessere Weg der gegenseitigen Achtung und des gewaltlosen Protestes offen. Ich weiß dem Herrn Dank dafür, daß durch den Einfluß der schwarzen Kirchen der Weg der Gewaltlosigkeit zu einem wesensmäßigen Bestandteil unseres Kampfes geworden ist.

Wenn diese Lebensanschauung und Verhaltensweise sich nicht entwickelt hätte, dann würde heute – davon bin ich überzeugt – in vielen Straßen des Südens das Blut in

Strömen fließen. Des weiteren bin ich davon überzeugt, daß, wenn unsere weißen Brüder diejenigen unter uns, die gewaltlose Direktaktion anwenden, als „Aufwiegler" und „auswärtige Agitatoren" abweisen und uns darum ihre Unterstützung verweigern, daß dann Millionen enttäuschter und verzweifelter Schwarzer ihren Trost und ihre Sicherheit in den Ideologien schwarzer Nationalisten suchen werden – eine Entwicklung, die unvermeidbar zu einem fürchterlichen Rassengemetzel führen würde.

Unterdrückte Menschen können nicht für alle Ewigkeit Unterdrückte bleiben. Irgendwann muß der Drang nach Freiheit zum Ausdruck kommen, und dies ist bei den amerikanischen Schwarzen nun geschehen. Eine Kraft in ihrem Innern hat sie an ihr Grundrecht auf Freiheit erinnert, und eine von außen kommende Kraft hat sie daran gemahnt, daß diese Freiheit errungen werden kann. Bewußt oder unbewußt hat den Schwarzen der USA der Zeitgeist erfaßt, und gemeinsam mit seinen schwarzen Brüdern in Afrika, mit seinen braunen und gelben Brüdern in Asien und Lateinamerika eilt der Schwarze der USA mit einem Gefühl großer Dringlichkeit auf das gelobte Land rassischer Gerechtigkeit zu. Wenn man erfaßt, wie stark der Drang nach vorwärts ist, der die Gemeinschaft der Schwarzen erfaßt und gepackt hat, dann sollte man verstehen können, warum es zu Demonstrationen gekommen ist. Der Schwarze ist von angespeicherten Ressentiments und schwelenden Gefühlen der Gehemmtheit und Entrüstung erfüllt, und er muß sie zum Ausdruck bringen. Laßt ihn marschieren! Laßt ihn Gebetsprozessionen zum Rathaus durchführen! Laßt ihn „Freiheits-Fahrten" durchführen! Und versucht zu verstehen, warum er zu solchen Aktionen gezwungen ist. Wenn seine unterdrückten Gefühle sich nicht in gewaltloser Weise äußern dürfen, dann werden sie in Gewalttätigkeit ihren Ausdruck finden: Dies ist nicht als Drohung, sondern als geschichtliche Tatsache zu verstehen. Ich sagte also auch nicht zu meinen Leuten: „Werdet eure Unzufriedenheit los!", sondern versuchte vielmehr, ihnen darzutun, daß diese durchaus normale und gesunde Unzufriedenheit in die schöpferischen Bahnen gewaltloser Direktaktionen geleitet werden kann! Und nunmehr nennt man diese Haltung „extremistisch".

Aber obschon ich zunächst davon enttäuscht war, daß man mich in den Reihen der Extremisten unterbrachte, so gewann ich doch bei längerer Überlegung eine gewisse Befriedigung aus dieser Abstempelung. War nicht Jesus ein Extremist der Liebe, als er forderte: „Liebe deine Feinde; segne die, so dir fluchen; erweise Gutes denen, die dich hassen, und bete für die, so dich mißachten und verfolgen". War nicht Amos ein Extremist der Gerechtigkeit, als er ausrief: „Lasset Gerechtigkeit fließen wie die Gewässer, und lasset unser Tun münden in den ewigen Strom der Gerechtigkeit!" War nicht Paulus ein Extremist für das Evangelium Christi, als er ausrief: „Auf meinem Körper trage ich Zeichen unseres Herrn Jesus." War nicht Martin Luther ein Extremist, als er erklärte: „Hier stehe ich – ich kann nicht anders!" Und John Bunyan: „Ich werde lieber bis zum Ende meiner Tage im Kerker ausharren als mein Gewissen aufopfern." Oder Abraham Lincoln: „Dieses Volk kann nicht bestehen bleiben, halb versklavt und halb frei." Und Thomas Jefferson: „Wir haben die Wahrheit offenkundig erkannt, daß alle Menschen gleich sind vom Augenblick ihrer Erschaffung an." Es ist also nicht die Frage, ob wir Extremisten sein wollen, sondern vielmehr, Extremisten welcher Art wir sein wollen. Wollen wir Extremisten für den Haß oder für die Liebe sein? Werden wir Extremisten für die Fortdauer der Ungerechtigkeit oder für die Ausweitung der Gerechtigkeit sein? In dem Drama, das sich auf dem Kalvarienberg zutrug, wurden drei Männer gekreuzigt. Nie sollten wir vergessen, daß sie alle drei für das gleiche Verbrechen den Tod am Kreuz erlitten – für das Verbrechen, Extremisten zu sein. Zwei waren Extremisten der Sündhaftigkeit und fielen damit unter das Niveau ihrer Umwelt. Der andere – Jesus Christus – war ein Extremist für die Liebe, Wahrheit und Güte und erhob sich damit über seine Umwelt. Es mag wohl sein, daß der Süden, unser Volk, ja die ganze Welt schöpferische Extremisten bitter nötig haben.

Ich hatte die Hoffnung gehegt, daß die weißen Gemäßigten dieses Bedürfnis erkennen würden. Vielleicht war ich zu optimistisch, und vielleicht erwartete ich zu viel. Vermutlich hätte ich mir bewußt werden sollen, daß nur wenige der unterdrückenden Rasse viel Verständnis aufzubringen vermögen für das tiefe Stöhnen und die leidenschaftliche Sehnsucht der unterdrückten Rasse; noch viel kleiner ist die Zahl derer, die klar erkennen, daß die Ungerechtigkeit durch kraftvolle, konsequente und entschlossene Aktion ausgerottet werden muß. Aber ich bin dankbar dafür, daß einige unserer weißen Brüder das Wesen dieser gesellschaftlichen Umwälzung erkannt und sich ihr verschrieben haben. An Zahl sind sie noch zu wenige, aber sie sind von überragendem Wert. Einige – wie Ralph McGill, Lilian Smith, Harry Golden, James McBride Dabbs, Ann Braden und Sarah Patton Boyle – haben über unseren Kampf beredt und prophetisch geschrieben. Andere sind mit uns auf den namenlosen Straßen des Südens gezogen. Sie schmachteten in verdreckten und von Ungeziefer verseuchten Gefängnissen, wo sie die Schmähungen und Mißhandlungen von Polizisten erdulden mußten, welche sie als „schmutzige Nigger-Liebhaber" (dirty nigger-lovers) betrachteten. Ganz im Gegensatz zu ihren gemäßigten Brüdern und Schwestern haben sie die Dringlichkeit der Stunde erfaßt und erkannt, daß kraftvolle „Aktion" unerläßlich ist, um der Seuche der Segregation entgegenzutreten.

Offen will ich noch von meiner zweiten großen Enttäuschung sprechen. Zutiefst enttäuscht haben mich die weißen Kirchen und ihre führenden Männer. Natürlich gibt es einige bemerkenswerte Ausnahmen. Ich bin mir sehr wohl bewußt, daß jeder der Unterzeichnenden der Erklärung in bemerkenswerter Weise sich zu dem Problem geäußert hat. Ich erkenne gern an, daß Sie, Reverend Stallings, sich am letzten Sonntag als wahrer Christ erwiesen haben, als Sie in Ihrem Gottesdienst Schwarze ohne die Fesseln der Segregation willkommen geheißen haben. Ich weiß auch, daß die katholischen führenden Persönlichkeiten in diesem Staate sich lobenswert verhalten haben, als sie schon vor einigen Jahren das Springhill-College integrierten.

Aber trotz dieser anerkennenswerten Ausnahmen muß ich doch wirklich neuerlich betonen, daß die Kirche mich enttäuscht hat. Ich stelle dies fest, nicht etwa als einer jener negativen Kritiker, die an der Kirche immer etwas zu mäkeln und zu beanstanden wissen. Ich sage es vielmehr als ein Geistlicher, der die Kirche liebt, der an ihrem Busen aufgezogen wurde, der durch ihre geistigen Kräfte gestärkt wurde und der ihr ein treuer Sohn bleiben wird, solange sein Leben währt.

Als ich so urplötzlich vor ein paar Jahren in die führende Rolle bei dem Autobusprotest in Montgomery im Staat Alabama katapultiert wurde, da erwartete ich, daß die weißen Kirchen uns unterstützen würden. Ich meinte, daß die weißen Pfarrer, Priester und Rabbiner im Süden zu unseren stärksten Genossen und Gefährten zählen würden. Statt dessen gab es unter ihnen einige, die sich ausgesprochen gegen uns stellten, die es ablehnten, der Freiheitsbewegung Verständnis entgegenzubringen, und die sogar ihre Führerschaft verleumdeten. Allzu groß war die Zahl der Geistlichen, die sich mehr in einem vorsichtigen Schweigen als in einer mutvollen Stellungnahme gefielen: Sie verharrten still und lautlos hinter der betäubenden Sicherheit ihrer bunten Glasfenster.

Trotz meiner zerstörten Traumwelt kam ich nach Birmingham in der Hoffnung, daß die weißen religiösen Führer dieser Stadt die Gerechtigkeit unserer Sache erkennen würden und daß sie sich in moralischem Verantwortungsbewußtsein zu dem Sprachrohr machen würden, durch das unsere Beschwerden das Ohr der Machthaber erreichen würden. Ich hatte gehofft, daß jeder von ihnen das verstehen würde. Aber ich bin wiederum enttäuscht worden.

Vielen religiösen Führern des Südens habe ich zugehört, die ihren Gläubigen empfohlen haben, einer Segregationsanordnung zu folgen, denn sie sei Gesetz. Noch harre ich jedoch des weißen Geistlichen, der seiner Gemeinde zuruft: „Befolge die Gerichtsentscheidung; denn sie ist moralisch und gerecht, denn der Schwarze ist dein Bruder." Ich mußte mit ansehen, wie weiße Geistliche beiseite standen und sich damit begnügten, fromme Gemeinplätze und heilig klingende Plattheiten zu murmeln. In einer Zeit, in der wir in einen gewaltigen Kampf verwickelt sind, dessen Ziel es ist, unser Volk von rassischer und wirtschaftlicher Ungerechtigkeit zu befreien, vernahm ich, wie viele Geistliche erklärten: „Dies sind soziale Probleme, die das Evangelium nicht berühren." Und ich mußte mit ansehen, wie sich viele Kirchen einer Religion verschrieben haben, die einer ganz anderen Welt anzugehören scheint und die in der absonderlichsten, höchst unbiblischen Art und Weise glaubt, zwischen dem Körper und seiner Seele, dem Heiligen und dem Weltlichen unterscheiden zu dürfen.

Kreuz und quer durchwanderte ich Alabama, Mississippi und alle anderen Staaten des Südens. An glühendheißen Sommertagen und an kühlen Herbstmorgen bestaunte ich die herrlichen Gotteshäuser mit ihren hochragenden Kirchtürmen. Die eindrucksvollen Konturen ihrer gewaltigen, der Religion geweihten Gebäude sind mir unvergeßlich, und so habe ich mich immer wieder gefragt: „Was sind das für Menschen, die hier zum Gottesdienst schreiten? Wer ist denn ihr Gott? Wo vernahm man denn ihre Stimmen, als die Lippen des Gouverneurs Barnett überschäumten von Worten der Rechtsbeugung und des widerrechtlichen Einschreitens? Wo waren sie denn, als Gouverneur Wallace unüberhörbar zum Widerstand und zum Haß aufrief? Wo hörte man ihre Stimmen der Unterstützung, als verprügelte und ausgemergelte Schwarze, Männer wie Frauen, sich entschlossen, aus den dunklen Verließen des Hinnehmens auszubrechen und zu den hellen Hügeln schöpferischen Protests aufzubrechen?“

Ja, diese Fragen bewegen mich wahrlich noch immer. In grenzenloser Enttäuschung habe ich über die Trägheit der Kirche geweint. Aber glauben Sie mir, daß es Tränen der Liebe gewesen sind! Es gibt keine tiefe Enttäuschung, wo keine tiefe Liebe herrscht. Ja, wahrlich, ich liebe die Kirche. Wie könne es auch anders sein? Ich bin einer der wenigen, die Sohn, Enkel und Urenkel von Geistlichen sind. Ja, ich sehe in der Kirche den Körper Christi. Aber ach, wie haben wir diesen Körper aus sozialer Verantwortungslosigkeit und aus der Angst heraus, man könnte uns als Nonkonformisten betrachten, geschändet und verunstaltet!

Es gab eine Zeit, in der die Kirche große Macht besaß:

Das war, als sich die ersten Christen glücklich priesen, für wert befunden worden zu sein, zu leiden für das, woran sie glaubten. In jenen Tagen war die Kirche nicht lediglich ein Thermometer, das die Ideen und Leitbilder der öffentlichen Meinung registrierte, sondern ein Thermostat, der die Sitten der Gesellschaft wandelte. Wann immer die frühen Christen in eine Stadt gelangten, wurden die Machthaber unruhig und verstört und bemühten sich sofort, diese Christen als „Landfriedensbrecher" und „auswärtige Agitatoren" zur Aburteilung zu bringen. Aber die Christen ließen niemals von ihrem Glauben ab; denn sie waren von der Überzeugung erfüllt, daß sie „eine Kolonie des Himmelreichs" waren, aufgerufen, mehr Gott als den Menschen zu gehorchen. Ihre Zahl war klein, aber ihre Hingabe groß. Sie waren zu sehr vom Geist des Herrn beseelt, als daß man sie „gewaltig einschüchtern" hätte können. Ihr Bemühen und ihr Beispiel setzte solchen Übeln wie Kindesmord und Gladiatorenmetzeleien ein Ende.

Heute liegen die Dinge anders. Allzuoft ist unsere zeitgenössische Kirche zu einer schwachen und wirkungslosen Stimme herabgesunken, deren Ton gar unrein klingt. Zu oft gehört sie zu den hartnäckigsten Advokaten des Status quo. Die Gewaltigen und die Machthaber der meisten Städte werden keineswegs dadurch gestört, daß die Kirche existiert: Im Gegenteil, sie werden getröstet dadurch, daß sie schweigt, ja oft sogar vernehmlich die Dinge gutheißt, wie sie nun einmal sind.

Aber mehr denn je steht die Kirche vor dem Richterstuhl Gottes. Wenn unsere heutige Kirche nicht aufs neue den Opfergeist der Frühkirche zurückerobert, dann wird sie ohne Glaubhaftigkeit dastehen und die treue Anhänglichkeit von Millionen Gläubigen verlieren und bald als ein unmaßgeblicher Gesellschaftsklub abgeschrieben werden, der im 20. Jahrhundert nichts mehr zu melden hat.

Tagtäglich treffe ich junge Menschen, deren Enttäuschung über die Kirche in offenem Widerwillen gipfelt.

Vielleicht bin ich wieder einmal zu optimistisch gewesen. Vielleicht ist die organisierte Religion zu unlösbar mit dem Status quo verbunden, als daß sie noch fähig wäre, unser Volk und die Welt zu erretten. Vielleicht muß ich meinen Glauben auf die innere geistliche Kirche, die Kirche verborgen innerhalb der Kirche, gründen als der wahren Ecclesia und der Hoffnung der Welt. Aber immer wieder werde ich Gott dafür danken, daß einige edle Seelen der Kirchenführung die lähmenden Fesseln der Konformität abstreifen und sich in dem Kampf um die Freiheit zu uns gesellt haben.

Sie haben die Sicherheit ihrer Gemeinden aufgegeben und schreiten mit uns durch die Straßen von Albany im Staate Georgia. Sie haben sich mit an unseren qualvollen „Freiheitsfahrten" auf den Straßen des Südens beteiligt. Ja, sie ließen sich sogar mit uns einsperren. Einige sind von ihren Gemeinden verlassen worden und haben die Unterstützung seitens ihrer Bischöfe und ihrer geistlichen Kollegen eingebüßt. Aber sie handelten in dem Glauben, daß das besiegte Recht doch stärker ist als das siegreiche Übel. Ihre Zeugenschaft hat den wahren Geist des Evangeliums in diesen aufgewühlten Zeiten bewahrt. Ich hoffe, daß die Kirche als Ganzes angesichts der Herausforderung dieser Entscheidungsstunde ihren Mann stehen und sich bewähren wird.

Aber selbst wenn die Kirche sich nicht an die Seite der Gerechtigkeit stellen sollte, werde ich an der Zukunft nicht verzweifeln. Ich hege keinerlei Befürchtungen über den endgültigen Erfolg unseres Kampfes in Birmingham, selbst wenn unsere Beweggründe gegenwärtig noch mißverstanden werden. Wir werden das Ziel, das Freiheit heißt, in Birmingham und allerorts erreichen, denn das

Ziel Amerikas ist eben die Freiheit. Wenn wir auch heute noch verachtet und verschmäht werden, so ist doch unser Schicksal unlösbar mit dem Amerikas verbunden. Wir waren schon hier, bevor die ersten Pilger in Plymouth landeten. Wir waren schon hier, bevor Jefferson über die Seiten der Geschichte die majestätischen Worte der Unabhängigkeitserklärung schrieb. Mehr als zwei Jahrhunderte haben unsere Ahnen hier ohne jede Entlohnung Sklavendienste geleistet und haben dadurch die Baumwolle zum König gemacht. Sie haben die Häuser ihrer Meister erbaut, während sie himmelschreiende Ungerechtigkeiten und schamlose Demütigungen erlitten – und dennoch haben sie in ihrer grenzenlosen Vitalität weiter gestrebt und sind weiter gewachsen. Wenn die unaussprechlichen Grausamkeiten der Sklaverei uns nicht zum Stillstand bringen konnten, dann werden bestimmt unsere heutigen Widersacher es nicht vermögen. Wir werden unsere Freiheit erringen, weil das heilige Erbe unserer Nation und der ewige Wille Gottes ihren Niederschlag in unseren widerhallenden Forderungen gefunden haben.

Bevor ich schließe, muß ich noch einen Punkt in Ihrer Feststellung erwähnen, der mich sehr tief beunruhigte. Sie haben aufs wärmste die Polizei von Birmingham gepriesen, weil sie die „Ordnung" aufrechterhalten und „Gewalttätigkeiten verhindert" hätte. Ich möchte bezweifeln, daß Sie derartig warmes Lob gespendet hätten, wenn Sie gesehen hätten, wie die Hunde dieser Polizei sich in die unbewaffneten und gewaltlosen Schwarzen verbissen. Ich bezweifle, daß Sie sich so beeilt hätten, die Polizisten zu preisen, wenn Sie beobachtet hätten, wie abscheulich und unmenschlich Schwarze hier im Stadtgefängnis behandelt werden; wenn Sie sähen, wie schwarze Frauen und junge Mädchen angestoßen und angeflucht werden, wenn Sie zuschauen müßten, wenn alte Schwarze und junge Knaben geschlagen und mit Füßen getreten werden; wenn Sie hätten beobachten müssen, daß die Polizisten sich weigerten – wie es zweimal geschah –, uns unser Essen zu geben, weil wir unser Tischgebet gemeinsam singen wollten. Ich bin nicht in der Lage, in Ihr Loblied auf die Polizei von Birmingham mit einzustimmen. Wahr ist, daß die Polizei ein gewisses Maß der Disziplin in der Behandlung der Demonstranten gewahrt hat. In diesem Sinn hat sie in den Augen der Öffentlichkeit sich ziemlich „gewaltlos" betätigt. Aber zu welchem Zweck geschah dies? Um das üble Gebäude der Segregation zu erhalten. Während der vergangenen Jahre habe ich immer wieder gepredigt, daß die Gewaltlosigkeit erheischt, daß die Mittel, die wir anwenden, genauso sauber sein müssen, wie die Ziele, die wir anstreben. Aber jetzt muß ich feststellen, daß es genauso falsch ist – oder vielleicht noch mehr –, moralisch saubere Mittel anzuwenden, um unmoralische Institutionen zu bewahren. Vielleicht waren Mr. Connor und seine Polizisten in der Öffentlichkeit genausowenig gewalttätig wie der Polizeichef Pritchett in Albany im Staate Georgia. Sie benutzten jedoch das moralische Mittel der Gewaltlosigkeit, um die unmoralische Institution der rassischen Ungerechtigkeit am Leben zu erhalten, oder wie es T.S. Eliot formulierte: „Die letzte Versuchung ist der größte Verrat: die rechte Tat für den falschen Grund zu vollbringen."

Ich wünschte, Sie hätten ein Wort des Lobes gefunden für die schwarzen „Sit-ins" und die Demonstranten von Birmingham, die so erlesenen Mut, solche Bereitschaft zu leiden und zu erdulden und eine so erstaunliche Disziplin angesichts gewaltiger Provokationen bewiesen. Der Tag wird kommen, an dem der Süden seine wahren Helden erkennt. Dazu werden Gestalten gehören wie James Meredith, die im edlen Bewußtsein ihrer Aufgabe fähig sind, dem schimpfenden und feindseligen Mob in jener tödlichen Einsamkeit gegenüberzutreten. Die wahren Helden werden die alten, bedrückten, niedergeknüppelten schwarzen Frauen sein, als deren Symbol ich jene Zweiundsiebzigjährige in Montgomery erwähnen will, die sich mit Würde erhob und mit ihren Leuten entschloß, nicht in Autobussen zu fahren, die sie der Rassentrennung unterwarfen, und die einem, der sich erkundigte, ob sie denn nicht müde sei, erwiderte: „Meine Füße sind zwar müde, aber meine Seele ist befriedigt." Die wahren Helden werden die jungen Oberschüler und Studenten sein, die jungen Geistlichen und eine Schar älterer Leute, die mutig und gewaltlos unbewegt an den Tischen der Imbißstuben ausharrten und sich als „Sit-ins" widerstandslos in die Gefängnisse schleppen ließen, und dies alles nur um ihres Gewissens willen. Der Tag wird kommen, an dem der Süden erkennt, daß diese besitz- und rechtlosen Kinder Gottes, als sie an den Theken saßen, tatsächlich für das eintraten, was an dem Traum Amerikas das Köstlichste ist, und das, was zu den heiligsten Erbgütern unserer jüdisch-christlichen Tradition gehört. Sie brachten unser Volk zu den großen Quellströmen der Demokratie zurück, die von den Gründungsvätern ausgegraben wurden, als sie unsere Verfassung und Unabhängigkeitserklärung formulierten.

Noch nie habe ich einen so langen Brief geschrieben. Ich muß befürchten, daß er angesichts Ihrer kostbaren und bemessenen Zeit allzu lang geworden ist. Ich versichere Ihnen, daß er wesentlich kürzer geraten wäre, wenn ich ihn an einem bequemen Schreibtisch verfaßt hätte. Aber was kann man denn tun, wenn man allein ist in einer engen Gefängniszelle, als lange Briefe schreiben, lange Gedankenketten schmieden und lange Gebete sprechen?

Sollte ich in diesem Brief etwas gesagt haben, das die Wahrheit in übertriebener Weise ausspricht und eine unvernünftige Ungeduld beweist, dann erbitte ich Ihre Vergebung. Wenn ich etwas gesagt haben sollte, das die Wahrheit nicht scharf genug ausspricht und eine Geduld verrät, die bereit wäre, sich mit Geringerem abzufinden als mit Brüderlichkeit, dann bitte ich Gott um Vergebung.

Ich hoffe, daß dieser Brief Sie stark im Glauben antrifft. Ich hoffe auch, daß es die Umstände bald gestatten werden, jedem einzelnen von Ihnen zu begegnen, und zwar nicht als Fürsprecher der Integration und als Vorkämpfer der Bürgerrechte, sondern als Kollege und als Bruder in Christo. Wollen wir hoffen, daß die dunklen Wolken rassischen Vorurteils sich bald auflösen lassen und der dichte Nebel des Mißverstehens sich von unseren furchtgeschwängerten Städten und Gemeinden erheben wird! Und daß in naher Zukunft die glänzenden Sterne der Liebe und der Brüderlichkeit in ihrer hinreißenden Schönheit über unserer Nation erstrahlen werden.

Der Ihre für Friede und Brüderlichkeit!
Martin Luther King, Jr.

Der Marsch auf Washington

Birmingham war im Jahre 1963 nicht die einzige Station auf dem Weg der Schwarzen zu Freiheit, Gleichheit und Menschenwürde. In Gadsen in Alabama wurden fast vierhundert Schwarze bei einem Freiheitsmarsch verhaftet. Weitere dreihundert Schwarze wurden von den Polizisten mit elektrischen Schlagstöcken, die sonst die Rindertreiber benutzen, geprügelt.

Zweihundertfünfundsiebzig Schwarze wurden in Savanna (Georgia) verhaftet.

In East Harlem in New York kam es zu Unruhen, wobei sechsundzwanzig Schwarze verhaftet und zwei Polizisten verletzt wurden. Fast sechzig jugendliche und erwachsene Schwarze steckte die Polizei von Charleston in Süd-Carolina ins Gefängnis, weil sie ein „weißes" Kino besuchen wollten.

In Florida goß ein Hotelier Salzsäure in ein Schwimmbecken, in dem Schwarze badeten. Damit wollte er für die Beibehaltung der Segregation stimmen.

Über tausend Schüler wurden in Birmingham vom Schulbesuch ausgeschlossen, weil sie sich an den Demonstrationen beteiligt hatten. Diese Entscheidung wurde von einem Bundesgericht als gesetzwidrig erklärt und aufgehoben.

Als sich die schwarzen Studenten Malone und Hood in der Universität Tuscaloosa in Alabama einschreiben lassen wollten, lehnte Gouverneur Wallace dieses Ansinnen ab. Präsident Kennedy schaltete sich ein, sein Bruder Robert sandte den stellvertretenden Justizminister der USA nach Alabama. Der Gouverneur beugte sich nur unter Protest der Anweisung des Präsidenten. Im Wahlkampf hatte Präsident Kennedy versprochen, er würde dem Kongreß einen umfassenden Gesetzentwurf zur Bürgerrechtsfrage vorlegen. Dieses Versprechen machte er jetzt wahr.

Zweihundertfünfzigtausend Menschen, Schwarze und Weiße, zogen am 28. August 1963 nach Washington. Den Vorschlag dazu hatte der „große alte Mann" der Schwarzen, A. Philipp Randolph, gemacht. Aus fast allen Staaten der Union waren sie gekommen. King schrieb, eine Armee sei zusammengekommen, zwar ohne Geschütze, aber nicht ohne Kraft.

Besonders wertvoll war für die gesamte gewaltlose Bürgerrechtsbewegung, daß sich die weißen Kirchen erstmalig vollkommen an dieser Demonstration beteiligten. Ebenso bekannten sich die jüdischen Organisationen zu dem Unternehmen.

Millionen weißer Amerikaner erlebten über Funk und Fernsehen, daß die Schwarzen keine willenlose, törichte Masse sind, sondern klare Vorstellungen und Ziele haben.

Dichtgedrängt standen die Menschen am Lincoln-Memorial. Die mitgebrachten Spruchbänder forderten „Freedom" („Freiheit") und Aufhebung der Rassenschranken, gleiches Recht für alle.

Berühmte Künstler und schwarze Führer traten auf und sprachen zu den Menschen: Marlon Brando, James Baldwin, Josephine Baker, Burt Lancaster, Mahalia Jackson.

Der Beifall steigerte sich zum Orkan, als Martin Luther King angekündigt wurde. Er war nicht mehr der unbekannte Pfarrer der Dexter Avcnue Baptist Church von Montgomery, er war zum bedeutendsten amerikanischen Führer der Schwarzen herangereift. Bedeutend deshalb, weil er die Gewaltlosigkeit predigte, weil er demütig blieb und sich als Jünger Jesu fühlte und dazu bekannte.

„Der Schwarze lebt auf einer einsamen Insel der Armut inmitten eines gewaltigen Ozeans materiellen Wohl-

Mit einer riesigen Kundgebung vor dem Denkmal des Sklavenbefreiers Abraham Lincoln endete der „Marsch auf Washington". Über hunderttausend Menschen demonstrierten für Rechte der schwarzen Bevölkerung.

stands ... Der Schwarze lebt in seinem eigenen Land im Exil. Es wäre eine tödliche Gefahr für die Nation, wollte sie die Lage der Schwarzen übersehen und ihre Entschlossenheit unterschätzen. Dieser heiße Sommer unseres berechtigten Mißvergnügens wird nicht vorübergehen, solange nicht endlich ein früchteschwerer Herbst der Freiheit und der Gerechtigkeit anbricht! ... ,Ich habe einen Traum!' rief er, wischte mit einer ungeduldigen Handbewegung die Zurufe der Menge fort und sprach unbeirrt weiter, bis alle in tiefer Stille lauschten. ,Ich träume davon, daß eines Tages auf den roten Hügeln Georgias die Söhne früherer Sklaven und die Söhne ehemaliger Sklavenhalter bereit sein werden, sich gemeinsam an den Tisch der Brüderlichkeit zu setzen. Ich träume davon, daß selbst der Staat Mississippi, der heute von menschlicher Ungerechtigkeit überquillt, der von der Hitze der Unterdrückung siedet, zu einer Oase der Freiheit und Gerechtigkeit wird. Ich träume davon, daß meine vier kleinen Kinder eines Tages in einer Nation leben werden, in der sie nicht nach ihrer Hautfarbe, sondern nach ihrem Charakter beurteilt werden. Dann, erst dann, können wir jubelnd mit den Worten unseres alten Spirituals singen: Endlich frei! Endlich frei! Dank sei Gott, dem Allmächtigen, wir sind endlich frei!'"[21]

Es war ein siegreicher Tag. Die Führer der Schwarzen wurden von Präsident Kennedy und Vizepräsident Johnson empfangen. Aber dieser eine Tag reichte nicht aus, um jahrzehnte-, ja jahrhundertealte Vorurteile auszumerzen. In Birmingham kam es zu neuen Unruhen.

„Ich aber sage euch: Zeigt euren Feinden, daß ihr sie liebt, und bittet Gott um seine Liebe für die, die euch verfolgen, damit ihr Söhne eures Vaters im Himmel werdet", las ein schwarzes Mädchen in der Sonntagsschule der 16th Avenue Baptist Church am 15. September 1963.

„Amen", sagte der Pfarrer der Sonntagsschule, und „Amen" fielen die Kinderstimmen ein. Damit war die Sonntagsschule beendet. Es war bald 1/2 11 Uhr vormittags. Die Kinder drängten aus dem Unterrichtsraum.

Da erfüllte eine gewaltige Explosion die Luft. Staub, umherfliegende Steine, zusammenstürzende Mauern und angstvolle Schreie schafften in Bruchteilen von Sekunden an dem Ort ein Chaos, wo eben noch gesungen und gebetet, gelernt und zugehört wurde. Die anwesenden Schwarzen waren außer sich vor Wut. Sie weinten aus Verzweiflung. Die ankommenden Polizisten wurden von einem Steinhagel empfangen. Dort, wo eben noch Kinder sich zum Waschsaal gedrängt hatten, regierte jetzt der Tod. Ein Kleid verriet, zu wem es einmal gehört hatte. Darunter ein verstümmelter, kindlicher Leichnam – Kopf und Schulter fehlten. Selbst die hartgesottenen Polizisten wurden grau in den Gesichtern.

Vier junge Menschenleben, Kinder noch, waren Opfer dieses sinnlosen Attentats geworden.

Als der sechzehnjährige Johnny Robinson, aufgewühlt vom Schmerz und der Sinnlosigkeit dieser Morde, mit einer Schlagwaffe auf einen Polizisten drang, den Ruf „Rache" auf den Lippen, drückte der Polizist ab. Mitten im Lauf verhielt der Junge, schlug auf die Straße, blieb regungslos liegen – das fünfte Opfer.

„Zeigt euren Feinden, daß ihr sie liebt", das war nicht zu verstehen, das war auch nicht nachzuvollziehen an diesem Sonntagmorgen in Birmingham.

Aber damit sollte es noch nicht genug sein. Zwei weiße Pfadfinder begegneten nachmittags mit ihrem Moped zwei schwarzen Jugendlichen, die mit einem Fahrrad fuhren. Vielleicht wollten sie für kurze Zeit dieser grauenvol-

len Stadt, von den Schwarzen nur noch „Bombingham"
genannt, entfliehen. Der eine der beiden weißen Jungen
reagierte auf den Zuruf seines Kameraden, hielt plötzlich
eine Schußwaffe in der Hand und knallte zweimal, während das Moped weiterfuhr.

Der dreizehnjährige Virgil Ware war vom Rad gestürzt,
sein Bruder kniete neben ihm im Straßenstaub und flehte
unaufhörlich: „Virgil, lieber Virgil, steh doch auf!" Aber er
konnte nicht mehr aufstehen, er konnte nur noch ein paar
Worte stammeln, und dann war sein junges Leben zu
Ende. Der sechste Mord an einem Kind innerhalb weniger Stunden!

Zwar wurden die Attentäter gefaßt – die beiden Pfadfinder erhielten je sieben Monate Gefängnis, die zur Bewäh-
rung ausgesetzt wurden, und die Bombenattentäter wurden vom Staat Alabama wegen unerlaubten Besitzes von
Dynamit angeklagt. Aber das Urteil lautete lediglich auf
sechs Monate Gefängnis und hundert Dollar Geldstrafe.
Auch sie wurden – gegen Kaution – auf freien Fuß gesetzt.

Der oberste Beamte Alabamas, der Gouverneur Wallace, gab einen Kommentar zu diesen Bluttaten. Wenn
man ihn liest, fragt man sich unwillkürlich, was für ein
Mensch hier Regierungsverantwortung trug: „Ich be-
daure diese Gewalttat. Aber wer hat denn damit angefan-
gen? Ein ganzer Haufen Agitatoren und die kommunistische Partei sind in dieses Bild verwickelt. Ich glaube nicht
daran, daß man unsere ganze Verfassung in die Luft jagen
sollte, bloß weil ein paar Menschen einen Kummer haben.
Man brennt ja auch nicht ein Haus nieder, um eine Ratte
zu vernichten ... Aber noch ist es nicht zu spät, um die Ge-
zeiten zu ändern. Nirgends auf der Welt gibt es ein gut
funktionierendes Zusammenleben der Rassen. Das kann
man nicht erreichen. Wir werden Rückschläge erleiden.
Aber die NAACP (Nationaler Bund zur Förderung der

Farbigen) hat solange vor den Gerichten gekämpft, bis sie erreicht hatte, was sie haben wollte. Wir können ebensolange kämpfen, um alles wieder zurechtzurücken. Eine Gerichtsentscheidung bedeutet ja noch nicht, daß nicht eine andere erreichbar wäre, die alles wieder ändern kann ... Auf lange Sicht werden wir siegen, auch wenn es zwei, drei, fünf oder zwanzig Jahre dauert, weil wir im Recht sind und unsere Sache gerecht ist."[22]

Der Friedensnobelpreisträger

Trotz all dieser Untaten griffen Martin Luther King und seine Freunde nicht zu den gleichen Waffen. Immer wieder predigten sie die Gewaltlosigkeit. Was begeisterte, was mitriß und die Schwarzen immer wieder zu neuem Mut anstachelte, war das Vorbild Martin Luther Kings. Er ließ sich verhaften und schlagen, ins Gefängnis sperren und vor Gericht stellen. Dabei stand er Rede und Antwort und stellte fest, daß Amerikas Demokratie und Freiheit fragwürdig seien, wenn nicht gleiches Recht allen zukomme.

Pfarrer King war mehr als nur ein außerordentlich begabter, redegewandter Führer der Schwarzen. Man vertraute nicht seinen maßvollen Worten, man vertraute dem Menschen Martin Luther King. Man glaubte dem Christen, der Jesu Gebote überzeugend lebte. So wurde er zum Vorkämpfer für den Frieden in dieser Welt. Er trat in den Riß, wenn die Menschenwürde verhöhnt und verspottet wurde. Ein Schwacher unter Schwachen, und vielleicht gerade deshalb so stark. Einer in unserer Zeit, auf den das altkirchliche Gebet des Franz von Assisi zutraf:

> O Herr, mach mich zum Werkzeug deines Friedens:
> daß ich Liebe übe, wo man sich haßt;
> daß ich verzeihe, wo man sich beleidigt;
> daß ich verbinde, da, wo Streit ist;
> daß ich die Wahrheit sage, wo der Irrtum herrscht;
> daß ich den Glauben bringe, wo der Zweifel drückt;
> daß ich die Hoffnung erwecke,
> wo Verzweiflung quält;
> daß ich ein Licht anzünde, wo die Finsternis regiert;
> daß ich Freude bringe, wo der Kummer wohnt.
> Ach, Herr, laß du mich trachten:
> nicht, daß ich getröstet werde,
> sondern daß ich tröste;
> nicht, daß ich verstanden werde,
> sondern daß ich verstehe;
> nicht, daß ich geliebt werde,
> sondern daß ich liebe:
> Denn wer da hingibt, der empfängt;
> wer sich selbst vergißt, der findet;
> wer verzeiht, dem wird verziehen;
> und wer da stirbt, der erwacht zum ewigen Leben.

1964 wurde Martin Luther King der Friedensnobelpreis verliehen. Dazu schrieb die „New York Herald Tribune": „Eine gute Wahl! Dr. King symbolisiert die Ausgewogenheit zwischen Ungeduld und Zurückhaltung, die nötig ist, um eine soziale Revolution ohne blutigen Aufstand zu erreichen."[23] Auf dem Weg nach Oslo besuchte King unter anderem auch das zweigeteilte Berlin, sah die Mauer und erhielt von der dortigen Kirchlichen Hochschule ehrenhalber die Würde eines Doktors der Theologie. Die Verlei-

Rechts:
Als regierender Bür-
germeister von Berlin
empfängt Willy Brandt
den Friedensnobel-
preisträger Dr. Martin
Luther King.

Unten:
Dr. Martin Luther
King erhält den Frie-
densnobelpreis in der
schwedischen Haupt-
stadt.

hung des Friedensnobelpreises war für den erst 35jährigen einer der Höhepunkte seines dramatischen Lebens. In Oslo nahm nicht nur ein Pfarrer einen begehrenswerten Preis entgegen, sondern hinter dem Prediger aus Montgomery und Alabama standen die Millionen unterdrückter und gedemütigter Schwarzer, mehr noch, standen die unzähligen Menschen, Mütter und Kinder, Väter, Söhne und Brüder, die nicht nur damals, die auch heute noch mißhandelt und geschlagen, vergast und gefoltert werden.

„Ich nehme den Friedensnobelpreis in einem Augenblick entgegen, in dem zweiundzwanzig Millionen Schwarze der Vereinigten Staaten von Amerika in einem schöpferischen Kampf stehen, um die lange Nacht rassischer Ungerechtigkeiten zu beenden.

Ich empfange diesen Preis im Namen einer Bürgerrechtsbewegung, die entschlossen und in majestätischer Verachtung aller Wagnisse und Gefahren voranschreitet, um die Herrschaft der Freiheit und eine Ordnung der Gerechtigkeit zu errichten.

Ich weiß sehr wohl, daß erst gestern in Birmingham in Alabama unsere Kinder nach Brüderlichkeit schrien und die Antwort von Feuerwehrschläuchen, knurrenden Hunden und selbst vom Tode erhielten...

Deshalb muß ich mich fragen, warum dieser Preis einer Bewegung zuerkannt wird, die zu unablässigem Kampf verurteilt und verpflichtet ist; einer Bewegung, die den Frieden und die Brüderlichkeit nicht erreicht hat, die der Daseinsgrund des Nobelpreises sind.

Nach reiflicher Überlegung bin ich zu dem Schluß gekommen, daß mit der Verleihung des Preises, den ich im Namen dieser Bewegung entgegennehme, die Tatsache anerkannt werden soll, daß die Gewaltlosigkeit die Antwort auf die entscheidenden politischen und moralischen

Fragen unserer Zeit ist – die Antwort auf das Bedürfnis des Menschen, Unterdrückung und Gewalt zu überwinden, ohne Gewalt und Unterdrückung anzuwenden.

Zivilisation und Gewalt sind gegensätzliche Begriffe. Die Schwarzen der Vereinigten Staaten haben nach dem Beispiel der Inder bewiesen, daß Gewaltlosigkeit nicht unfruchtbare Passivität ist, sondern eine mächtige moralische Kraft, die gesellschaftliche Wandlungen herbeiführt...

Ich nehme diesen Preis heute entgegen im beharrlichen Glauben an Amerika und im unbeirrten Glauben an die Zukunft der Menschheit.

Ich weigere mich, in der Verzweiflung den letzten Sinn der Geschichte zu sehen.

Ich weigere mich zu glauben, daß die gegenwärtigen Umstände den Menschen moralisch unfähig machen, über sich selbst hinauszugreifen nach der ewigen Forderung, die ihm stets gestellt bleibt...

Ich weigere mich, die Ansicht zu teilen, der Mensch sei so unausweichlich in der sternenlosen Nacht des Rassismus und des Krieges gefangen, daß der strahlende Tagesanbruch des Friedens und der Brüderlichkeit niemals Wirklichkeit werden kann ... Ich glaube, daß waffenlose Wahrheit und bedingungslose Liebe endlich das letzte Wort haben werden. Das zeitweilig besiegte Recht ist stärker als das triumphierende Böse ...

Ich glaube auch, daß die Menschheit sich eines Tages vor Gott neigen und den Sieg erringen wird über Krieg und Blutvergießen. Das gewaltlose, erlösende Gute wird zum Gesetz werden. Löwe und Lamm werden gemeinsam ruhen, jeder wird unter seinem eigenen Weinstock, seinem eigenen Feigenbaum sitzen, und niemand wird sich mehr fürchten.

Ich glaube, daß wir siegen werden! ..."[24]

Der Kampf geht weiter

Der von Präsident Kennedy vorbereitete Entwurf eines neuen Bürgerrechtsgesetzes wurde von seinem Nachfolger, Präsident Johnson, vorangetrieben. Am 19. Juni 1964 nahm der Senat der USA nach dreiundachtzigtägiger Debatte die Bürgerrechts-Gesetzgebung mit 73 gegen 27 Stimmen an. Damit war ein Erfolg für die Schwarzen erzielt worden, der zu den größten Fortschritten für die USA in diesem Jahrhundert zu zählen ist. Die wichtigsten Punkte des Gesetzes besagen:

1. Gaststätten, Hotels, Bars, Vergnügungszentren sowie Tankstellen usw. dürfen keinerlei Rassendiskriminierung mehr ausüben.

2. Aufgrund von Beschwerden einzelner Bürger kann der Bundesjustizminister Verfahren einleiten mit dem Ziel, daß die Desegregation der öffentlichen Schulen, Parks, Badeanstalten usw. herbeigeführt wird.

3. Jeder, der sechs Schuljahre absolviert hat, darf an Wahlen teilnehmen.

4. Weiße und Farbige haben die gleichen Chancen auf dem Arbeitsmarkt; Diskriminierungen werden untersagt.

5. Für die Gemeinden wird im Handelsministerium eine Beratungsstelle errichtet, die bei Integrationsschwierigkeiten helfen soll.

Wenn Pfarrer King von Journalisten gefragt wurde, ob er sich jetzt wieder intensiv seinem Pfarramt zuwenden wolle, da doch die größten Schwierigkeiten für die Schwarzen aus dem Weg geräumt seien, schüttelte er den Kopf. Er meinte, Schwarze könnten jetzt zwar überall ein Eis kaufen, aber das weitaus größere Problem käme noch

Präsident Johnson unterzeichnet das Bürgerrechts-Gesetz, das der farbigen Bevölkerung in den USA eine Gleichberechtigung garantieren soll. Nach der Unterzeichnung reicht der Präsident den Federhalter an Dr. Martin Luther King.

auf ihn zu. Damit erinnerte er an die unzureichenden Wohnmöglichkeiten für Schwarze, an die weitaus geringeren Bildungsmöglichkeiten und die niedrig dotierten Arbeitsplätze. Ansatzpunkt für diese Kritik war für King das Wahlrecht und die Art und Weise, wie man Schwarzen dieses Recht vorenthielt.

Im Jahre 1963 waren sechs Kinder in Birmingham ums Leben gekommen; der Sekretär der „Vereinigung für den Fortschritt der Farbigen", Medgar Evers, wurde im gleichen Jahr erschossen. Drei Bürgerrechtler wurden 1964 entführt, umgebracht und auf einer Farm in Philadelphia (Mississippi) verscharrt. Ein knappes Jahr später gab es in Selma in Alabama ähnliche Unruhen wie zwei Jahre zuvor in Birmingham. War es damals „Bull" Connor, der als eingefleischter Segregationist die Rechte der Schwarzen einseitig verkürzen wollte, so war es jetzt der County-Sheriff Jim Clark, dessen Hilfspolizei zum großen Teil dem Ku-Klux-Klan angehörte. Auf die gewaltlosen Demonstrationen der Schwarzen reagierte Clark mit berittener Polizei und Hunden, Wasserwerfern und Verhaftungen. Es muß nicht mehr erwähnt werden, daß Pfarrer King auch zu den Verhafteten gehörte. Die Presse bemerkte, in Birmingham hätte Eugene Connor geholfen, das Bürgerrechtsgesetz zu beschleunigen. In Selma spielte Jim Clark eine ähnliche Rolle und verhalf dadurch ungewollt dem Wahlrechtsgesetz zum Sieg.

Bei weiteren Unruhen wurde der junge Schwarze Jimmie Lee Jackson von der Polizei des Sheriffs Clark erschossen. Am Grab sagte Pfarrer King: „Lebewohl, Jimmie! Du bist gestorben, damit wir alle wählen können, und wir werden es auch!"

Der Tod des jungen Schwarzen wurde zum Anlaß für einen gewaltigen Protestmarsch von Selma zur Hauptstadt des Staates Alabama, nach Montgomery.

Gouverneur Wallace gestattete den Marsch nicht. Dennoch wurde er begonnen. Die Weißen, die offen für die Sache der Schwarzen eintraten, weil es eine zutiefst menschliche Angelegenheit war, wurden zwar mit „Niggerlover" tituliert, aber zunächst verlief der Marsch in Selma friedlich. Außerhalb der Stadt versperrten Clarks Hilfspolizisten den Marschierenden den Weg.

„We shall overcome!"

„Stopp! Umkehren! Ihr dürft nicht weitermarschieren!"

Wieder einmal wurden Knüppel geschwungen und Tränengas eingesetzt. Vierzig Schwarze brachte man verletzt ins Krankenhaus. Damit war der erste Versuch des Marsches auf Montgomery gescheitert. Ein zweiter Versuch, von Martin Luther King angeführt, glückte ebenfalls nicht. Radikale Schwarze forderten die brutale Gewalt. Erneut geschah ein Mord. Diesmal fiel ihm ein weißer Pfarrer zum Opfer, ein „Niggerlover".

Da kündigte Martin Luther King den dritten Marsch an. Der Gouverneuer von Alabama weigerte sich, für den Schutz der Demonstranten Polizisten aufzubieten. So entsandte die Bundesregierung fast dreitausend Mann Schutz.

„Civil Rights plus Full Employment equals Freedom – Bürgerrechte und anerkannte Beschäftigungen geben uns Freiheit";

„We demand: Voting Rights now – Wir fordern jetzt das Wahlrecht";

„We march for Jobs for all now – Wir marschieren jetzt um Arbeit für alle",
so lauteten einige Forderungen auf den Plakaten.

Der Zug nach Montgomery wurde ein einzigartiger Erfolg.

Dreißigtausend Demonstranten zogen in Montgomery zum Kapitol. An der Spitze des Zuges marschierten die beiden Friedensnobelpreisträger und schwarzen Pfarrer

Martin Luther King und Ralph Bunche, stellvertretender Generalsekretär der Vereinigten Nationen. Viele der Reden, die am Kapitol gehalten wurden, enthielten harte Anklagen gegen Gouverneur Wallace. Als Rosa Parks vorgestellt wurde, steigerte sich der Beifall. Sie wurde, nun fast zehn Jahre älter, als „Mutter des Aufstandes" gefeiert.

Dann sprach Martin Luther King. Er erinnerte daran, daß gesagt worden war, die Schwarzen würden Montgomery nie erreichen. „Nun sind wir da", rief er, „und wir sind nicht mehr aufzuhalten."

Was während dieses Marsches und in Montgomery selbst gewaltlos und friedlich verlaufen war, endete am Abend jenes 25. März 1965 schrill und unvorhergesehen.

Die weiße Mrs. Liuzzo aus Detroit, die ihren Mann und fünf Kinder zu Hause gelassen hatte, weil sie in Montgomery dabeisein wollte, hatte ihren Wagen, angefüllt mit jungen Schwarzen, nach Selma gesteuert. Dort beeilte sie sich, nach Montgomery zurückzukehren. Unbemerkt von ihr hatte sie ein anderer Wagen verfolgt. Als sie durch unwegsames Gelände fuhren, holte der Verfolger auf. Mit einem Scheinwerfer wurde Viola Liuzzo geblendet, Schüsse fielen ... Fünf Kinder in Detroit hatten ihre Mutter verloren. Gouverneur Wallace bedauerte zwar im Fernsehen diesen „Zwischenfall", wies aber daraufhin, daß schließlich in allen Staaten hin und wieder Menschen überfallen würden. Stolz betonte er, daß Alabamas Straßen sicherer seien als die Untergrundbahnen New Yorks.

Seine Worte klangen genauso zynisch und kalt wie zwei Jahre zuvor, als Kinder in Birmingham sinnlos sterben mußten. Wallace hatte nichts dazugelernt.

Präsident Johnson nahm zu diesem neuen Mord ebenfalls Stellung. Er erinnerte, daß Viola Liuzzo nach Alabama gekommen war, um dem Kampf für die Gerechtigkeit zu dienen. Er warnte vor allem die Anhänger des

Martin Luther King führt zusammen mit seiner Frau und Ralph Bunch den Demonstrationszug von Selma nach Montgomery an.

Ku-Klux-Klan und forderte sie auf, diesen Terror und das Morden zu lassen. Der Präsident gelobte, sich ganz für die Gerechtigkeit einsetzen zu wollen.

Inzwischen wuchs die Bewegung, die Pfarrer King und einige seiner Freunde 1955 in Montgomery mit dem Busstreik begonnen hatten, ins Unermeßliche. Aber während King unentwegt zur Gewaltlosigkeit aufforderte, mehrten sich die Stimmen radikaler schwarzer Führer. Teilweise waren sie vor Jahren Kings Anhänger gewesen. Sie mußten erleben, wie auf brutale Weise ihre farbigen Schwestern und Brüder geprügelt und mißhandelt wurden. Sie sahen auch, daß manchem Weißen das Töten Farbiger nicht schwerfiel. Martin Luther Kings Methode erschien ihnen zu zahm, zu langsam. Deshalb begannen sie ihn als „Martin Loser King" lächerlich zu machen, als Martin „Verlierer" King. Doch King setzte nicht auf die alttestamentliche Parole „Auge um Auge".

Unter dem Schlagwort „Black Power" (Schwarze Macht) kam es im August 1965 zu einem blutigen Aufstand im Stadtteil Watts in Los Angeles. Ein Jahr danach, im Sommer, wiederholten sich die Rassenunruhen in Chikago und zwei Dutzend anderen Städten der USA. Schließlich wurde der Sommer 1967 der „heißeste Sommer" der schwarzen Geschichte in den USA. In fast allen Großstädten des Nordens, besonders in Detroit, traten Rassenspannungen zutage. Sie waren fast immer mit Gewaltanwendung und Plünderungen von seiten der Schwarzen verbunden.

Warum hatten sich die Aufstände vom Süden zum Norden verlagert, traten hier aber mit dem Vorzeichen der Gewalt auf?

Um Martin Luther King wurde es ruhiger. Wurde er etwa die Geister, die er – zwölf Jahre früher – gerufen hatte, nicht mehr los?

„Black Power"

Bei einer Massenversammlung in Greenwood im Jahre 1964 bestieg Stokely Carmichael die Rednertribüne. Nach einem scharfen Angriff auf die Rechtsprechung im Bundesstaat Mississippi forderte er: „Was wir brauchen, ist Black Power!"

Andere Redner, vor allem Willie Ricks vom SNCC (studentische Organisation der Schwarzen), griffen dieses Schlagwort auf. In demagogischer Weise fragten sie die Menge:

„Wir brauchen Black Power! Was wollt ihr?"

Gehorsam brüllte die Menge: „Black Power! Black Power!"

King versuchte sich mit den Befürwortern dieses Slogans zu einigen und auf ihn zu verzichten, da er zumindest unglücklich gewählt war. Er verwies auf die Nebenbedeutung des Slogans, den suggestiven Sinn, und nannte in diesem Zusammenhang die Suggestion von Gewalttaten, die von der Presse bereits angekündigt worden war. Es kam zu keiner Einigung. Greenwood wurde der Geburtsort für den Begriff der „Black Power".

Er gehört inzwischen zur amerikanischen Terminologie, wirkt auf viele abstoßend und furchterregend, auf andere dagegen anfeuernd und erfreulich.

King stellte immer wieder fest, daß der Begriff vorwiegend emotional zu verstehen ist und für die Menschen in jeweils besonderen Situationen erheblich unterschiedliche Bedeutung erlangen kann.

„Black Power" ist zunächst ein Schrei der Enttäuschung. Die Schwarzen sind enttäuscht über die „weiße Macht", die zwar die Bürgerrechtsgesetze verabschiedet hat, deren Verwirklichung aber nicht praktiziert wird. King stellte dazu fest: „Die Enttäuschung nimmt zu, wenn die Schwarzen den Blick nach Norden richten. In den Gettos des Nordens machen Arbeitslosigkeit, Diskriminierung in der Wohnungsfrage und Slumschulen die Hoffnungen der Schwarzen lächerlich. Wohl sind einige Errungenschaften und materielle Verbesserungen zu verzeichnen; aber diese Anfänge haben nur gezeigt, wie weit wir noch vom Ziel entfernt sind. Die wirtschaftliche Not der Masse der Schwarzen ist schlimmer geworden. Der Abstand zwischen den Löhnen des schwarzen Arbeiters und denjenigen des weißen hat sich vergrößert. Heute sind die Slums schlimmer, und die Schwarzen besuchen mehr streng segregierte Schulen als 1954."[25]

In den Südstaaten sah es nicht besser aus. King berichtete, daß allein im Laufe der letzten drei Jahre im Staat Mississippi mehr als vierzig Schwarze und Weiße gelyncht und ermordet wurden. Über fünfzig schwarze Kirchen wurden niedergebrannt oder gesprengt, und noch immer sind die Bombenleger oder Mörder entweder gar nicht oder nur geringfügig bestraft worden.

Weitere Nahrung erhielt das Schlagwort der Black Power durch eine Inkonsequenz der Bundesregierung. Jahrelang hatten die Schwarzen erlebt, wie die Gewaltlosigkeit, die King predigte und praktizierte, gelobt und gepriesen wurde. Als er gar den Friedensnobelpreis erhielt, wählte ihn Amerika zum „Mann des Jahres". Dann kam der Widerspruch: Vor allem schwarze junge Männer wurden nach Vietnam entsandt. Sie mußten Napalmbomben werfen und einen Krieg führen, den sie nicht gewollt hatten, also genau das Gegenteil von dem tun, was in ihrer Heimat gepriesen wurde. Sie wurden mit Tapferkeitsmedaillen ausgezeichnet und erlebten, zurückgekehrt von der Vietnamfront, daß sie noch

immer Menschen zweiter Klasse, „häßliche Schwarze",
waren.

Black Power hat auch seine positive Seite. Es ist der
Aufruf an die Schwarzen, die politischen und wirtschaftlichen Kräfte zu sammeln, um damit legitime Ziele zu erreichen. Denn noch immer ist der Schwarze in der Mehrzahl ein Mensch ohne Stimme und ohne Macht. Mit dem
Slogan „Black Power" ist die psychologische Forderung,
Mensch zu werden, verbunden.

> „Jahrelang ist dem Schwarzen gelehrt worden, daß er
> niemand ist, daß seine Farbe ein Zeichen seiner biologi-
> schen Verkommenheit, sein Wesen mit dem unauslösch-
> lichen Siegel der Minderwertigkeit geprägt, seine ganze
> Geschichte mit dem Makel der Zweitklassigkeit ge-
> zeichnet ist. Nur allzu wenige Menschen wissen, wie
> Sklaverei und Rassentrennung die Seele des schwarzen
> Menschen versehrt und sein Gemüt verwundet haben.
> Das ganze schmutzige Geschäft der Sklaverei beruhte
> auf der Annahme, daß der Schwarze eine Sache sei, die
> man benutzte, nicht ein Mensch, den man achtete."[26]

Wer jetzt Black Power sagt, rühmt sich seiner dunklen
Hautfarbe und legt Minderwertigkeitskomplexe ab.

So ist Black Power „eine psychologische Reaktion auf
die psychologische Schulung, die zur Erziehung des per-
fekten Sklaven diente". Obwohl gerade Martin Luther
King von der Zweideutigkeit des Begriffs und seiner Ge-
fährlichkeit wußte, übersah er nicht seinen positiven Wert.
Zum ersten Mal erhielt der Schwarze das Bewußtsein seines Menschentums und ein tiefes Gefühl für Rassenstolz.

King sah auch die Gefahr, die nihilistische Tendenz des
Begriffs. An Mahatma Gandhis Bewegung hatte King gelernt, daß seine Revolution auf Hoffnung, Liebe und Ge-

waltlosigkeit gegründet war. Die Hoffnung konnte so lange genährt und immer wieder entzündet werden, solange die Bürgerrechtsbewegung Fortschritte erzielte. Als jedoch die Schwarzen erkennen mußten, daß die Mehrzahl der Weißen in letzter Konsequenz – trotz aller Gesetze, Versprechungen und dergleichen – die Segregation gar nicht aufheben wollte, griff die Verzweiflung um sich. King erkannte jedoch, daß eine Revolution auf die Dauer sich nicht von der Verzweiflung nähren kann. Diese Tatsache bezeichnete er als „eigentlichen Widerspruch der Black-Power-Bewegung". „Sie beansprucht, der revolutionärste Flügel der sozialen Revolution zu sein, die in den Vereinigten Staaten stattfindet. Trotzdem verwirft sie das eine, was das Feuer der Revolution nicht ausgehen läßt: die nie verlöschende Flamme der Hoffnung. Wenn die Hoffnung stirbt, entartet die Revolution zu einem wahllosen Sammelsurium von verpuffenden, sinnlosen Gesten."27

Deshalb forderte King immer wieder ein Engagement zwischen Schwarzen und liberalen Weißen mit dem Ziel, daß tatsächlich ernsthaft auf die Nöte der Armen, Schwarze und Weiße gleichermaßen, eingegangen und versucht werde, sie zu beseitigen. Das jedoch will die Black-Power-Bewegung nicht. King sah:

„Die Zusammenarbeit von Schwarzen und Weißen, die auf dem festen Boden eines ehrlichen Gewissens und eines angemessenen eigenen Interesses steht, kann weiter an Umfang und Einfluß zunehmen. Sie kann die nötige Stärke erreichen, um fundamentale Einrichtungen durch demokratische Mittel zu verändern. Eine Isolation der Schwarzen kann diesem Ziel niemals dienen."28

King hatte stets entschieden auf den emotional gefärbten, suggestiv-gefährlichen Akzent des Begriffs Black Power hingewiesen. Er war fest davon überzeugt, daß die Black-Power-Bewegung letztlich nicht erfolgreich sein kann. Wenn er von den Weißen als von „unseren kranken, weißen Brüdern" sprechen konnte, so waren für ihn auch die radikalen Vertreter der Black-Power-Bewegung irregeleitete Menschen, deren Reaktionen er zwar verstehen, aber niemals akzeptieren konnte.

Eine der radikalsten Gruppen der Black-Power-Bewegung, die „Black Muslims", entnahmen die Rechtfertigung für ihre Gewalttaten der islamischen Religion. Hierzu konnte der Christ Martin Luther King nicht schweigen. Er sagte, er werde es vorziehen, die einsame Stimme zu sein, die predigt, daß dies der falsche Weg ist, wenn alle Schwarzen sich der Gewalt zuwenden.

„Ich möchte lange leben"

Am 4. April 1968 war, wie bereits seit Monaten, die amerikanische Nation zerrissen. Die USA hatten sich in Vietnam in einen Krieg eingelassen, der nicht mehr zu überschauen war. Ob er jemals von den Amerikanern militärisch gewonnen werden könnte, war die Frage. Immer mehr Menschen in der Welt gewannen den Eindruck, daß die Begründungen der amerikanischen Regierung, weshalb sie den Krieg in Vietnam fortsetzen, mehr als dürftig waren.

Im März hatte Präsident Johnson überraschend auf eine Kandidatur für die neue Präsidentschaftswahl verzichtet und eine teilweise Einstellung der Bombenangriffe auf Nordvietnam angekündigt. Die Welt atmete auf. Die Hoffnungen ungezählter Menschen auf Frieden stiegen an.

Da geschah das vierte Attentat auf Martin Luther King, das seinem Leben ein Ende setzte. Die Zeitungen meldeten das Unvorstellbare mit Schlagzeilen wie:

„Angst und Schrecken in den USA – Blutige Ausschreitungen in mehr als zwanzig Städten"/

„Schwarze Wolken über Amerika – Nach dem Tode von Martin Luther King"/

„Der Mord an King zerreißt eine Nation"/

„Die Saat des Hasses geht auf – Nach der Ermordung Dr. Martin Luther Kings droht in Amerika der offene Rassenkampf – Der Apostel der Gewaltlosigkeit wurde zum schwarzen Märtyrer".

Am 5. April kabelten die Korrespondenten:

„Der Mörder flüchtete im Mustang – Gewehr mit Zielfernrohr am Tatort gefunden.

Pastor King ist von der Kugel des Mörders in den Nakken getroffen worden. Das Attentat ereignete sich am 4. April 1968 um 18.23 Uhr Ortszeit. King starb eine Stunde später in der Unfallstation des St.-Joseph-Hospitals in Memphis. King hatte sich auf dem Balkon im Obergeschoß des ‚Lorraine-Motels' befunden, als der Schuß fiel, der vom Fenster eines gegenüberliegenden Hauses abgefeuert worden war. Es fiel nur ein einziger Schuß.

Der Polizeichef von Memphis teilte mit, daß es sich bei dem Mörder um einen etwa 1,90 m großen weißen Mann im Alter von 28 bis 32 Jahren handelt. Die Mordwaffe, ein Gewehr mit Zielfernrohr, wurde sichergestellt.

Das Attentat auf King ähnelte auffallend dem Verbre-

Martin Luther King wurde am 9. April 1968 beigesetzt. Der Maultierkarren ist das Symbol der Armut in den Südstaaten.

chen, dem Präsident Kennedy im November 1963 in Dallas zum Opfer gefallen war. Wie die Polizei feststellte, flüchtete der Mörder in einem weißen Sportwagen vom Typ Mustang. Er ließ einen Koffer in dem Haus zurück, in dem er ein Zimmer gemietet hatte. Kaum eine Stunde nach dem Bekanntwerden des Mordes stürmten Banden junger Schwarzer – mit Flaschen und Steinen bewaffnet – die Geschäftsstraßen der farbigen Wohnviertel zahlreicher amerikanischer Städte von New York bis Oakland in Kalifornien. In Washington war die 14. Straße, eine nahe des Weißen Hauses gelegene Hauptverkehrsstraße, der Schauplatz schwerer Ausschreitungen...

Präsident Johnson wurde von dem Ereignis überrascht, als er kurz vor dem geplanten Abflug in Honolulu mit dem amerikanischen Botschafter in Moskau, Llewellyn Thompson, über die Kontakte mit Hanoi beriet. Er rief sofort die Witwe Pastor Kings in der Wohnung des Ehepaares in Atlanta an, um ihr sein Beileid auszusprechen. Im Fernsehen forderte er ‚jeden Bürger‘ auf, sich blinder Gewalt im Namen der Gewaltlosigkeit zu enthalten, für die King gelebt habe.

Vizepräsident Humphrey erklärte sichtlich erschüttert, das Verbrechen bringe Schande über das amerikanische Volk. Pastor King war erst am Mittwoch von Atlanta nach Memphis zurückgekehrt, um seinen zweiten Protestmarsch für die streikenden Angestellten der städtischen Müllabfuhr zu organisieren, nachdem am Donnerstag voriger Woche der erste Marsch durch Ausschreitungen jugendlicher Aktivisten zum Scheitern gekommen war."[29]

„Ich glaube, daß dies der Wille Gottes ist. Wir haben immer gewußt, daß es geschehen könnte", beantwortete Coretta King die Fragen der Journalisten.

In der am Donnerstagabend bis auf den letzten Platz besetzten Carnegie Hall in New York gab der Jazzpianist

Duke Ellington ein Konzert, dessen Reinerlös einem Farbigencollege in Mississippi zugute kommen sollte. Als ein Pfarrer kurz vor Beginn der Veranstaltung die Ermordung Martin Luther Kings bekanntgab, ging ein Aufschrei des Entsetzens durch die Menge. Viele Menschen brachen in Tränen aus. Die zweitausend Konzertbesucher beteten dann gemeinsam für den ermordeten Farbigenführer. Der Priester leitete das Gebet mit den Worten ein: „Der König ist tot! Lange lebe der König des Friedens!"

Kommentare und Nachrufe beschäftigten sich mit der Frage, ob Martin Luther King nicht „schon den Gipfel seines Erfolges, seines Einflusses überschritten hatte, ob nicht die Führung der Schwarzen Amerikas in die Hände der Gewalttätigen übergegangen ist".

Diese Frage kann weder mit einem glatten Ja noch Nein beantwortet werden. Dazu war und ist die Problematik der nordamerikanischen Schwarzen zu vielschichtig. Man denke nur an die Unterschiede zwischen den Nord- und den Südstaaten. Sicherlich hatte sich King in den letzten Monaten etwas zurückgezogen. Aber das bedeutete nicht, daß er der Black Power tatenlos zusah und sie gewähren ließ. Gewiß waren auch seine Reden und Aufrufe schärfer geworden; das bedeutete nicht, daß er der Gewaltlosigkeit abgesagt hatte. Pazifismus war für ihn eine durchaus ambivalente Angelegenheit; er war nicht einfach „gut", sondern das „geringere Übel". King wollte stören, nicht zerstören. Er war „ungehorsam", aber er brach das Gespräch nicht ab. So geriet er häufig zwischen die Stühle.

In den letzten Monaten hatte er gegen zwei Seiten anzutreten. Es waren einerseits die Weißen, die sich längst wieder mit dem Schicksal der Schwarzen abgefunden hatten. „Bull" Connor und Jim Clark waren vergessen und damit auch eine vor Jahren echte Empörung. Die Schwarzen haben doch alles erreicht, was sie wollten, dachten viele

Amerikaner; sie sollen nur nicht unverschämt werden. Die andere Seite waren Kings farbige Brüder. Seine Worte des Friedens mußten ihre Schreie nach der Gewalt übertönen; seine Predigt der Gewaltlosigkeit, die nichts mit Passivität gemein hatte, mußte Enttäuschung und Zorn, Verärgerung und Gewalt überzeugen.

Die letzte Rede Martin Luther Kings, die er am Tag vor seinem Tode vor der Farbigengemeinde in Memphis hielt, ist uns erhalten geblieben:

„Ich verließ Atlanta heute morgen, und als wir in das Flugzeug stiegen, waren wir sechs.
Der Pilot sagte über das Lautsprechersystem der Maschine: ‚Wir bedauern die Verspätung, aber wir haben Dr. Martin Luther King an Bord. Um sicherzugehen, daß alle Gepäckstücke genau überprüft wurden, um sicher zu sein, daß alles in der Maschine in Ordnung ist, mußten wir alles sorgfältig nachsehen. Wir haben die Maschine sogar die ganze Nacht über bewachen lassen.‘
Dann kamen wir nach Memphis, und einige Leute sprachen von den Drohungen, die umliefen – was mir von den Händen einiger unserer kranken weißen Brüder zustoßen würde.
Nun, ich weiß nicht, was jetzt geschehen wird. Wir haben hier einige Schwierigkeiten. Aber das macht mir wirklich nichts mehr aus. Denn ich habe auf dem Berggipfel gestanden. Wie jedermann, möchte ich gerne leben, lange leben, mit Langlebigkeit gesegnet sein.
Aber darüber mache ich mir jetzt keine Sorgen. Ich will nur Gottes Willen tun. Und er hat mir gewährt, daß ich auf dem Berggipfel stehen durfte. Ich habe hinunter gesehen, und ich habe das Gelobte Land gesehen.
Vielleicht komme ich nicht mit euch zusammen dorthin. Aber ich erhoffe mir heute abend von unserem

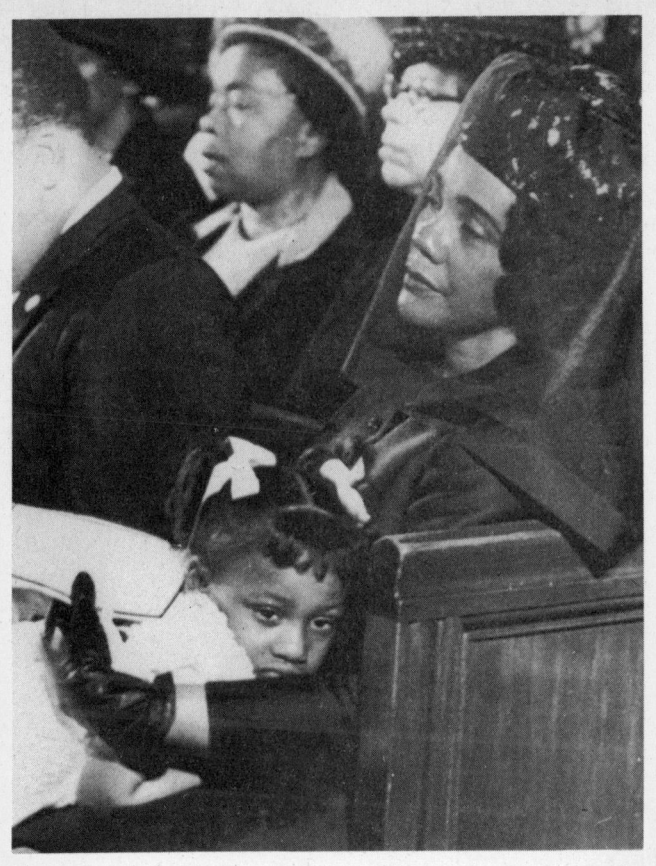

Die Witwe Coretta King bei dem Trauergottesdienst mit der jüngsten Tochter Bernice.

Herrn, daß wir als ein Volk ins Gelobte Land kommen. Deshalb bin ich heute abend glücklich darüber, daß ich mir keine Sorgen mache, um gar nichts. Ich fürchte keinen Menschen. Denn meine Augen haben das Gelobte Land gesehen. Ehre sei Gott in der Höhe!"[30]

Viele bedeutende Menschen, Staatsmänner und Kirchenführer, haben zu Kings Tod Stellung genommen. U. Thant, der damalige Generalsekretär der Vereinten Nationen, sprach von einem „schrecklichen Schock für mich". Indira Gandhi nannte sein Sterben einen „Rückschlag für Friedenshoffnungen der Menschheit". Bischof Lilje (Hannover) bezeichnete die „feige Ermordung" eine „Katastrophe" und fuhr fort: „Sein charakterliches Niveau, seine Klugheit, seine Mäßigung und seine völlige Integrität bildeten für eine positive Lösung dieses bedrohlichen (Rassen-)Konflikts, falls es überhaupt eine solche gab, eine außerordentliche Garantie."

Der Nachruf im „Deutschen Allgemeinen Sonntagsblatt" nannte neben den bekannten Daten aus dem Leben des Pfarrers und Friedensnobelpreisträgers Martin Luther King eine andere Seite des Verstorbenen. Es ist jene, ohne die King letztlich nicht denkbar gewesen ist. Dr. Heinz Zahrnt schrieb über King: „Dieser Mann war Gottes voll". Er erinnerte daran, daß King ein Märtyrer neuer Art, ein nichtreligiöser Märtyrer geworden ist, und er zitierte in diesem Zusammenhang Dietrich Bonhoeffer, der die „nichtreligiöse Interpretation" der Bibel gefordert hat. Bonhoeffer erinnerte 1944 in einem Brief an Jesu Frage aus Gethsemane: „Könnt ihr nicht eine Stunde mit mir wachen?" Bonhoeffer folgerte, daß dies die Umkehrung alles dessen sei, was der religiöse Mensch von Gott erwarte. Der Mensch werde aufgerufen, das Leiden Gottes an der gottlosen Welt mitzuleiden.

Er müsse wirklich in der gottlosen Welt leben, befand Bonhoeffer, und dürfe nicht den Versuch machen, ihre Gottlosigkeit religiös zu verdecken oder zu verklären; er müsse „weltlich" leben und nehme dadurch am Leiden Gottes teil; er dürfe „weltlich" leben, d.h. er sei befreit von falschen religiösen Bindungen und Hemmungen. Christsein bedeute nicht ‚religiös' sein, auf Grund irgendeiner Methodik etwas aus sich machen (einen Sünder oder einen Heiligen), sondern es heiße Mensch sein. Nicht einen Menschentypus schaffe Christus, sondern den Menschen. Kein religiöser Akt, sondern das Teilnehmen am Leiden Gottes im weltlichen Leben mache den Christen. King lebte „weltlich" und nahm am Leiden Gottes im weltlichen Leben teil, wenn er gegen Haß und Gewalt, Ungerechtigkeit und Mord und für Recht, Frieden, Menschenwürde und Menschlichkeit eintrat. Er hat sich während seiner zahlreichen Verhaftungen auch vor dem Leiden nicht gescheut.

Benjamin E. Mays sagte zehn Jahre nach M.L.Kings Ermordung in einer Gedenkrede am 9. April 1978:

„Vielleicht war er mutiger als Soldaten, die auf dem Schlachtfeld kämpfen und fallen. Sie stehen unter einem äußeren Zwang. Aber wenn Martin Luther King dem Tod wieder und wieder ins Auge sah und ihn zuletzt fand, wirkte kein äußerer Druck auf ihn. Er handelte aus einem inneren Zwang heraus. Mutiger als jene, welche Gewalt als Ausweg predigen und tödliche Waffen zur Verteidigung tragen, nahm Martin Luther King es mit Hunden, Polizei, Gefängnis, harter Kritik und schließlich mit dem Tod auf; und nie trug er ein Gewehr, nicht einmal ein Messer, um sich zu verteidigen. Er hatte nur seinen Glauben an einen gerechten Gott, seine Zuversicht, daß der „dreifach gewappnet ist, der seinen Streit gerecht führt". Er war der Gläubige, von dem Browning schreibt: „Einer, der nie den Rücken kehrte, sondern vorwärts schritt mit freier Brust, nie zweifelte, daß die Wolken zerstieben, nie zitterte, daß über mit Füßen getretenes Recht das Unrecht triumphierte – denn siehe, wir fallen, um aufzustehen, werden gereizt, um uns im Kampfe zu bewähren, und schlafen, um zu erwachen."

Oft hat man King „Moses" genannt oder sogar „The Lord". Er wurde nicht überheblich. Aber er hatte besondere Begabungen und Fähigkeiten, er besaß eine prophetische Art des Sprechens und Predigens.

„... Ich habe auf dem Berggipfel gestanden ... und ich habe das Gelobte Land gesehen ..."

„Dieser Mann war Gottes voll."

Dieser schlichte Satz ist die überzeugendste Antwort nach dem „Geheimnis" dieses schwarzen Pfarrers; alle Ehrungen und Titel wie Friedensnobelpreisträger, „Mann des Jahres" in den USA, Vorkämpfer für Frieden und Menschenwürde, Apostel der Gewaltlosigkeit usw. müssen vor der Tatsache zurückstehen, daß er ein Jünger Jesu war.

„Wohin führt unser Weg – Chaos oder Gemeinschaft?"

Dieses letzte von Martin Luther King geschriebene Buch enthält das Programm für die kommenden Jahre der rechtmäßigen Ziele der Bürgerrechtsbewegung. In den Tagen, da diese Zeilen niedergeschrieben werden, haben sich Schwarze Nordamerikas unter Führung des Nachfolgers und Freundes Martin Luther Kings, Pfarrer Ralph Abernathy, auf den Weg nach Washington gemacht, um mit ihrem „Marsch der Armen" die Vereinigten Staaten und die Weltöffentlichkeit auf das Problem der Armut unter den Schwarzen hinzuweisen und energisch an alle friedvollen und positiven Kräfte Amerikas zu appellieren.

King schrieb in seinem Buch, daß Schwarze ihre schöpferische Fähigkeit und Phantasie benutzen sollen, um zu lernen, wie man Macht entwickelt.

Der eine Weg, auf dem Schwarze einen wesentlichen Einfluß auf die allgemeine Wirtschaft ausüben können, ist der als Angestellter und Verbraucher. Durch ihre Zahl und strategische Stellung besitzen sie eine gewisse preisbildende Macht. Um Diskriminierungen abbauen zu helfen, wäre als härtestes Mittel der Boykott einzusetzen. Hier haben die Schwarzen der Bürgerrechtsbewegung, vor allem in den Südstaaten, ihre Erfahrungen gesammelt und Erfolge erzielt.

Die Leistungen der Gewerkschaften für die farbigen Arbeiter sind heute noch sehr unterschiedlich, aber King sieht die Möglichkeit, die Entscheidungen der Gewerkschaften zu beeinflussen. Ein positives Verhalten gegenüber den Schwarzen wäre für die Gewerkschaften ein Gewinn. Er fordert für Schwarze größeren Einfluß in der Arbeiterbewegung und weist immer wieder darauf hin, daß sie sich selbst vertreten sollen.

Ein weiteres Gebiet ist der gesamte politische Bereich. Die erste Forderung der Bürgerrechtsbewegung unter Pfarrer King lautete, daß alle Schwarzen ab einem bestimmten Alter wahlberechtigt sein sollen. Das Fernziel muß sein, und es ist entscheidend wichtig, daß eine klare Konzeption dafür vorliegt, daß die Schwarzen durch eigene Führer vertreten werden, die Tugenden besitzen, die sie anerkennen können, die moralische und ethische Grundsätze haben, denen begeistert zugestimmt werden kann.

Wenn Pfarrer King von Macht sprach und sie für Schwarze forderte, hatte das nichts mit dem Ruf nach „Black Power" extremer, radikaler Kräfte zu tun. King stellte vielmehr fest, daß die Macht nicht ureigenes Recht des weißen Mannes ist; sie sei eine soziale Kraft, die jede Gruppe benutzen kann, indem sie ihre Elemente in einer geplanten, durchdachten Kampagne sammelt, um sie unter eigener Aufsicht zu organisieren.

Ein wichtiges Ziel ist die Beseitigung der Armut; damit verbunden sind die Fragen des Wohnungsbaus und der Bildung. Das eine hängt mit dem anderen zusammen.

Um diese Probleme erfolgreich angreifen zu können, ist es nötig, den Frieden zu lieben und für ihn Opfer zu bringen. King forderte nicht nur die Abschaffung des Krieges, sondern auch die Sicherung des Friedens. Was für die USA gilt, ist auf die gesamte Weltlage zu übertragen. Diese hier nur angedeuteten Gedanken gehören zum Testament des großen Mannes, der Führer seiner farbigen Brüder in Amerika, der Menschenführer war.

Es sind gleichzeitig die nächsten Ziele der Bürgerrechtsbewegung bzw. der Schwarzen überhaupt. Bis zu seinem Tode hat King die Hoffnung nicht aufgegeben, daß seine Ziele realisierbar sind. Er wußte, daß jetzt noch die Wahl zwischen gewaltloser Koexistenz oder gewaltsamer Vernichtung aller möglich war. Dies bedeutete wohl eine der letzten Chancen der Menschheit, zwischen Chaos und Gemeinschaft zu wählen. „Ich erhoffe mir heute abend von unserem Herrn, daß wir als ein Volk ins Gelobte Land kommen...", sagte er in seiner letzten Ansprache.

> „We shall overcome,
> Black and White together.
> We shall overcome some day,
> deep in my heart I do believe;
> We shall overcome some day."

Martin Luther King rief auf zu einer weltweiten Kameradschaft, die Rasse, Klasse und Nation vergessen läßt. Er hielt diese Kameradschaft für eine unbedingte Notwendigkeit, wenn die Menschheit überleben will. Deshalb predigte er die Liebe. „Ich spreche von jener Kraft, die alle großen Religionen als oberstes einigendes Lebensprinzip erkannt haben."

> „Ein Dreifaches bleibt:
> Glaube, Hoffnung, Liebe,
> drei Gaben aus Gottes Fülle;
> die Liebe aber ist die größte unter ihnen"
> (1. Kor. 13,13).

Quellennachweis

[1] „Freiheit", S. 33.
[2] a.a.O., S. 36.
[3] a.a.O., S. 46/47 (im Auszug)
[4] „Der gewaltlose Aufstand", S. 141.
[5] a.a.O., S. 141/142.
[6] „Freiheit", S. 50.
[7] a.a.O., S. 59.
[8] a.a.O., S. 67.
[9] a.a.O., S. 72.
[10] a.a.O., S. 76.
[11] a.a.O., S. 82.
[12] a.a.O., S. 102.
[13] a.a.O., S. 105.
[14] a.a.O., S. 106.
[15] a.a.O., S. 107/108.
[16] a.a.O., S. 126.
[17] a.a.O., S. 132.
[18] a.a.O., S. 134/135.
[19] a.a.O., S. 143.
[20] „Der gewaltlose Aufstand", S. 230.
[21] a.a.O., S. 338/339.
[22] a.a.O., S. 349.
[23] a.a.O., S. 374.
[24] a.a.O., S. 375–378 (im Auszug).
[25-28] „Christ und Welt", Nr. 15 (1968), S. 9.
[29-30] „Die Welt", Nr. 83 (1968), S. 1.

Für die Abdruckerlaubnis aus den nachstehenden Büchern wird den genannten Verlagen herzlich gedankt:

M.L. King, Freiheit, Brockhaus Verlag, Wuppertal.
M.L. King, Warum wir nicht warten können, Econ-Verlag, Düsseldorf.
H.G. Noack, Der gewaltlose Aufstand. Signal-Verlag Hans Frevert, Baden-Baden.

Literaturverzeichnis

D. Bonhoeffer, Widerstand und Ergebung, Siebenstern-Taschenbuch.

M.L. King, Freiheit. Brockhaus Verlag, Wuppertal.

M.L. King, Warum wir nicht warten können, Econ-Verlag, Wien – Düsseldorf.

M.L. King, Wohin führt unser Weg. Econ-Verlag, Wien – Düsseldorf.

H.G. Noack, Der gewaltlose Aufstand. Signal-Verlag Hans Frevert, Baden-Baden.

„Christ und Welt“, Nr. 15 vom 12.4.1968.

„Deutsches Allgemeines Sonntagsblatt“, Nr. 15 vom 14.4.1968.

„Die Welt“, Nr. 83 vom 6.4.1968.

„Evangelischer Sonntagsbote“ (Speyer), Nr. 16 vom 21.4.1968 und Nr. 19 vom 12.5.1968.

Die Bibelstellen sind dem von Jörg Zink übertragenen Neuen Testament (Kreuz-Verlag, Stuttgart – Berlin) entnommen.

Werner Raupp

Werkbuch Kirchengeschichte

52 Personen aus zwei Jahrtausenden

384 Seiten. ABCteam-Werkbuch

Nur weniges ist so interessant wie Kirchengeschichte. Das beweist Werner Raupp mit seinem ungewöhnlichen Buch.

Im ersten Teil kann der Leser in Quizform testen, welche der 52 vorgestellten Personen aus der Kirchengeschichte er bereits kennt. Anhand einer kurzen Lebensbeschreibung, eines Zitats und einem Hinweis auf seine heutige Bedeutung kann die gesuchte Person erraten werden. Dabei braucht der Anfänger nicht zu verzagen, aber auch für den „Fortgeschrittenen" gibt es noch manche Nuß zu knacken. Die Auflösung des Quiz folgt im zweiten Teil.

Dort findet der Leser eine ausführliche und allgemeinverständliche Darstellung der gesuchten Persönlichkeiten, die aus folgenden Epochen stammen:

– Apostolische Zeit
– Alte Kirche
– Mittelalter
– Reformation und Gegenreformation
– Neuzeit.

BRUNNEN VERLAG GIESEN

Zeugen des gegenwärtigen Gottes

„In verständlicher Sprache und komprimierter Form wird das Leben von Menschen nachgezeichnet, deren Glaubenszeugnis auch für unsere Zeit zu vertieftem Nachdenken einlädt."

Landesbischof D. Dr. Johannes Hanselmann

„Die ‚Zeugen-Reihe' hat mir schon viele wichtige Einsichten und Anstöße gegeben. So freue ich mich, daß eine Auswahl dieser Bände neu erscheinen wird. Ich werde, wie bisher, gerne nach ihnen greifen." Prälat Theo Sorg

BRUNNEN VERLAG GIESSEN